フリードリヒ＝マイネッケ

マイネッケ

● 人と思想

西村 貞二 著

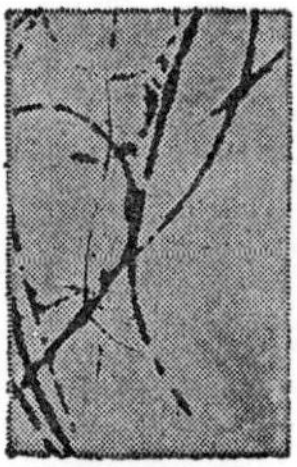

61

CenturyBooks 清水書院

まえがき――マイネッケとわたくし

ふと思いついて、一九世紀ヨーロッパの著名な歴史家の寿命をしらべてみたら、つぎの結果がでた。ドイツのランケが九一歳、ドロイゼンが七七、モムゼンが八七、ダールマンが七六、ジーベルが七八、トライチュケは少々わかくて六三、スイスのブルクハルトが七九である。フランスではそろいもそろって長命だ。ギゾーが八七、ティエリーが七九、ティエールが八〇、ミシュレーが八五。今世紀ではドイツのヴァルター＝ゲッツが九二、ゲルハルト＝リッターが七九、イギリスのトレヴェリアンが七六、ドーソンが八一、トインビーが八六、オランダのホイジンガが七二、といったあんばいである。丹念《たんねん》にしらべたら、ほかにもたくさんいるだろう。むろん、大歴史家と長命とのあいだに必然関係はない。偶然そうなったまでだ。ただ、こういうことはいえないだろうか。詩人や芸術家とちがって、歴史家の場合、いかにすぐれていようと、早死したのでは、はなしにならぬ。歴史家は世のこと、国のことについて、さまざまな体験をつむ要がある。歴史家として成熟するには、どうしてもある程度、長生きしなければならない。

かんがえてみると、世界の歴史を概観して人類の歩みを跡づける歴史家というものは、数ある学者先生のなかで特異な地位をしめる。悠久《ゆうきゅう》の歴史を探究する歴史家じしんが、有限な歴史的存在である。長生きしても七〇、八〇がせいぜいだ。だが、生の哲学者ディルタイがいったように、「われわれは歴史の観察者である前にまず歴史的存在である。そしてわれわれが歴史的存在であるがゆえにのみ、よく歴史の観察者たりうる」。してみれば、人さまよりは長寿をたもち、世の移り変わりに立ちあえるようにしてくれたのは、至妙《しみょう》な天のはからいであろうか。これらの大歴史家が死去するまで潑剌《はつらつ》としていたのは、五体健全だったほかに、なにか特別の理由があったのだろうか、よくはわからない。歴史にたいする執念のようなものが、生命力を維持させたのかもしれない。

ところで、わたくしはさまざまな体験といったけれど、大きく三つの種類にわけられる——個人的、社会的、時代的の三つに。ひとはまず個人的な体験をする。幼少時代に家庭やそのまわりで出あう出来事——近親の生や死、幸や不幸、一家の繁盛や没落など、幼少の身ではどうしようもない出来事である。ひとによっては幼時体験から拭《ぬぐ》いえない影響をうけることもあろう。が、こうした体験はしょせん個人的な範囲内にとどまる。やがて成人して社会にでると、そこでは社会的な体験をつむ。自力で運命をきりひらかねばならぬ場合、自分の責任で決断せねばならぬ場合もおこってくる。そうした社会的体験は、大局からみれば、時代的体験の一部であろう。戦争とか歴史の転換といった大きな変動に出あうと、個人はまるで木の葉のように翻弄《ほんろう》される。

こうした三つの種類の体験を、ひとは一生のあいだに多かれ少なかれつむだろう。この点、歴史家も一般のひととなんら異らない。はじめは個人的体験をつみ、つぎに社会的体験をつみ、さいごに時代的体験をつむ。歴史家が一般のひとと異るのは、以上すべての体験にもとづいて歴史をかくということである。それが歴史家の任務である。ところが個人的体験だけならともかく、社会的体験や時代的体験をつむには、一五や二〇歳の若さでは、どうしようもないではないか。世の有為《うい》転変をしるには、やはりある程度長生きせねばならないというのは、こういう意味である。

わたくしが本書で「人と思想」を語ろうとするフリードリヒ＝マイネッケとは、いったいどういうひとであろうか。ドイツに『ヒストーリッシェ－ツァイトシュリフト』（以下、HZと略記する）という歴史学の専門雑誌がある。一八五九年に、プロイセンの歴史家ハインリヒ＝フォン＝ジーベル（一八一七～九五）によって創刊され、げんざい世界最古の、かつもっとも権威をみとめられている学術誌である。マイネッケは、ジーベルのあとをついで一八九四年から一九三五年まで同誌の編集主幹として、発展に貢献した。したがってHZの生みの親ではないが、まさに育ての親である。そこで同誌は、一九五二年に、マイネッケの生誕九〇年に当たって記念号を出し、ドイツ史学界あげて慶祝の意を表した。交友六〇年になんなんとするヴァルター＝ゲッツ（一八六七～一九五八）が、この記念号に『マイネッケの生涯と人格』の一文をよせている。そのなかでゲッツはいう。「二〇世紀前半のドイツ史学は、ただにフリードリヒ＝マイネッケにおいてもっとも創造的な代表者を見いだしたばかりでなく、近代史学の基礎をいとも徹底して究明し、近代の精神生活との連関を確立した研究者をも見いだした。そして同時に、かれはドイツの興隆と崩壊との数十年の運命を指示しようとした。すなわち、責任と運命、零落《れいらく》と再起、ドイツの過去からくる道徳的な力による改新といった諸問題を。他の人びとは絶望するのに、かれはあらゆる困難にもかかわらず未来を獲得する。マイネッケとともに五〇年以上も歩んできた者、大戦時の心配をし、いかに暗澹《あんたん》とした時代においても動揺せずに希望を保持した者は、誇りと感謝をもってかれのうちに国民の信頼すべき指導者をみるであろう。存在のあらゆる変遷にあってかれはあくまで変わらなかった。友情において、学問において、はたまた祖国の仕事において、まっ直ぐで人を助けた。まことにわれらすべてにとって亀鑑《きかん》である！」 マイネッケはそれから二年後に他界する。

マイネッケが、二〇世紀前半におけるドイツ最大の歴史家であったことは、ゲッツの頌辞《しようじ》にてらして明らかであろう。いうべきことはもういいつくされているようなものだ。しかしそういってしまっては身もふたもない。わたくしはわたくしなりに、マイネッケの思想と行動の軌跡をこれから諸君にしめしていきたい。

そこで、前にのべた三種の体験をマイネッケの場合に当てはめてみよう。プロイセンの一小都市にうまれ、美しい自然環境と質実な家庭のうちに人となり、ベルリン大学に遊学して良き師に会う。これらは個人的体験にぞくしよう。歴史学教授となって以後は良き友と交わり、識見をひろげる。これらは社会的体験にぞくしよう。その間、ドイツ帝国の建設、第一次大戦とドイツの敗北、ワイマール共和制の成立と崩壊、ナチス第三帝国の勃興と滅亡といった時代的体験をつむ。マイネッケが長い生涯をかけて行った歴史研究は、ひっきょう、三種の体験の総和にほかならない。ヴァルター＝ブスマンのことばをかりていえば、「独自の連続性と変化能力をもった生涯は、ドイツ史近代の百年の象徴」なのである（『フリードリヒ＝マイネッケ』）。

ちょっと話題をかえよう。近代歴史学を樹立したレオポルト＝フォン＝ランケ（一七九五〜一八八六）が、歴史家の本分を「それがほんらいどうあったかをしめすのみ」としたのは、周知のところであろう。独断や偏見を排除して客観的に歴史を考察しようとしたのである。過去の出来事を寸分のちがいなしに復元することは、もちろん人間わざでは不可能なはずだが、少なくともそのことを目標にする。歴史家から独立に存する事実に心をむなしくして近づくべきだ、というわけである。ところがここに、一見ランケと矛盾するようなことばがある。アメリカの歴史家カール＝ベッカー（一八七三〜一九四五）の「歴史上の事実というものは、歴史家がこれを創造するまでは、どの歴史家にとっても存在するものではない」が、それだ。現代イギリスの歴史家E・H・カーはベッカーに賛成する（『歴史とは何か』清水幾太郎訳）。たとえば、諸君は、ウィリアム征服王が一〇六六年にイングランドに上陸して北方イギリス人とたたかった「ヘスティングスの戦い」をご存知だろう。ところがカーによると、歴史家が特別に関心をもつのは、ヘスティングスの戦いは一〇六六年だというような事実ではない。地名と年代を正確に知ることは、歴史家の仕事の必要条件であって、かれの本質的な機能ではない。第二に、こういう基礎的事実を明らかにする必要といっても、それは事実そのもののなんらかの性質によるのではなくて、歴史家の決定による。いかなる事実に、いかなる順序、いかなる文脈で発言をゆるすかを決めるのは歴史家である。だから歴史家の解釈から独立に客観的に存在する歴史的事実を信じるのは、前後顛倒《てんとう》のあやまりだ。「歴史家が歴史をつくる」という奇嬌《ききょう》なことばは、じつのところ、歴史家と歴史的事実との関係をいい当てているのである。それではランケの言いぶんと矛盾する、と諸君は抗議するかもしれない。ほんとうは矛盾していないのだが、このことを納得のいくように説明するのはたいへんむずかしい。いまはつぎのように理解してくだされば十分だろう。すなわち、歴史家は、一方では、ランケのいうように「自分みずからを消す」禁欲的な態度で歴史の研究を行わなければならない。が、過去の事実がすべての歴史的事実であるのではなくて、何を歴史的に重要としてとりあげるか、どんな事実が価値をもつかを決めるに当たっては、他方でかれの選択や解釈が行われないわけにはいかない。これをかりに歴史家の主体的把握とよぼう。むろん、この主体的把握は先入見とかひとり合点《がてん》ではないし、あってはならない。ところで、こうした客観的研究と主体的把握との区分は、デリケートである。両者はたがいに作用しあい、ひとつに融けあって截別《さいべつ》できないから。このことをマイネッケは「主観的なものと客観的なものとを自分のうちで融合させ、こうしてえられた歴史像が同時にかれの研究がとらえうるかぎり過去を忠実に真剣に再現し、そのさい研究者の創造的個性によって血を通わされねばならない」というふうにいっている。

およそ大歴史家においては、例外なく、こうした歴史の客観的研究と主体的把握とが渾然《こんぜん》一体をなすことが見いだされるけれど、マイネッケにおけるほど、この融合がみごとな場合は稀であろう。前にのべたように、かれは幼少時代から死去するまで、さまざまな個人的・社会的・時代的体験をつんだ。そういうたくさんの体験のうちの何を選択し、評価し、解釈して歴史像をつくるかは、あくまでもマイネッケという歴史家個人の問題なのである。ひたすら客観的たろうとつとめながら、結果として独自な個性が浮かびあがってくるのはどうしてだろうか。理屈では説明しにくい。

まえがきが長くなった。さいごに恐縮だが個人的な回想をつけ加えたい。げんざいでこそ、わが国ではマイネッケのすぐれた研究や訳書が多くあらわれているけれども、わたくしがマイネッケを学びはじめたころは、寥々《りようりよう》たるものだった。論文としては林健太郎氏のが一篇（『歴史学研究』一九三五年）、訳書としては中山治一氏のが一冊（『歴史主義の立場』、原題は『歴史的感覚と歴史の意味』一九四二年）があるきりだった。マイネッケの名は耳にしていたものの、わたくしがはじめて著書をひもといたのは、出版されたばかりの主著『歴史主義の成立』で、東大西洋史研究室で心をおどらせながらよんだ記憶はいまもありありと脳裡にうかぶ。この本にはランケ記念講演が付録に加えられていて、わたくしは感激のあまり『歴史学研究』（一九三八年）に訳載し、つづいて『歴史的感覚と歴史の意味』から二篇をえらんで同誌に訳載した（一九四〇年）。したがって、「ヨコ」のものを

「タテ」にしたのは、わたくしが最初ではないかと思う。いらい四〇数年間、マイネッケから学んだものは、はかりしれない。

では、ふり返ってマイネッケからもっとも学んだのは何であったのだろうか。ことわるまでもなくマイネッケは政治家でも革命家でもないから、その生涯は波乱万丈《ばんじょう》ではない。むしろたんたんとした学者の道を歩んだ。いきおい、ドラマは——もしドラマがあるとすれば、思想のなかでしか演じられない。そういうドラマを精神がえがく軌跡とよぶと、その点でわたくしが共感するのは、マイネッケがたんなる学究の徒ではなかったことだ。個人的体験、なかんずく社会的・時代的体験から深く心に傷をうけたことは一度や二度でなかった。にもかかわらず、かれはそれらの傷をうけることを回避しなかった。いやニーチェ流にいえば「運命愛《アモールーファーティ》」をもって愛しさえした。歴史を客観的に研究するばかりでなく、歴史の重みをまともにうけとめ、時代の苦しみを共にするのでなければ、現代では一流の歴史家とはいえまい。マイネッケはまさしくそういう歴史家のひとりである。

本書はわかい読者にこうしたマイネッケをしってもらうことをめざしている。マイネッケ史学は高度に専門的であり、歴史学の専門語がひんぱんにでてくる。しぜん、本書では解説に類する部分が多くなろう。だが解説も、わたくしの「マイネッケ体験」にもとづくのでないなら、平板で味気ないものになるだろう。わたくしがおそれるのはそのことである。

一九八〇年一〇月

西村貞二

付記　訳書のあるものについては、ご高訳を引用させていただいた。

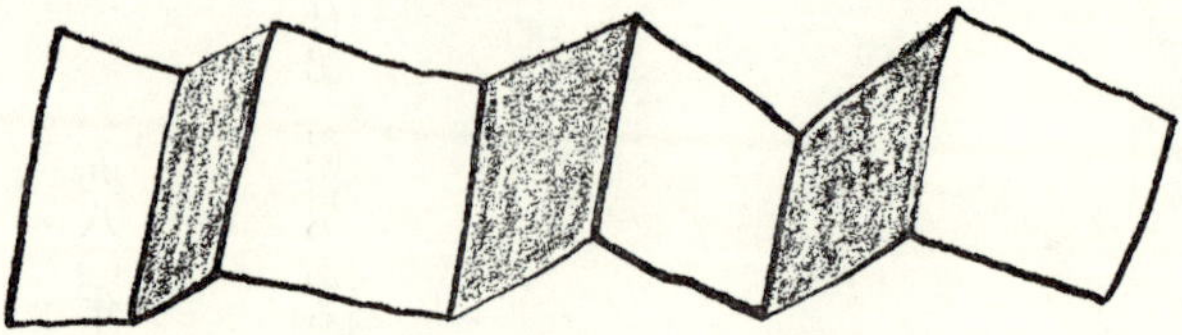

目次

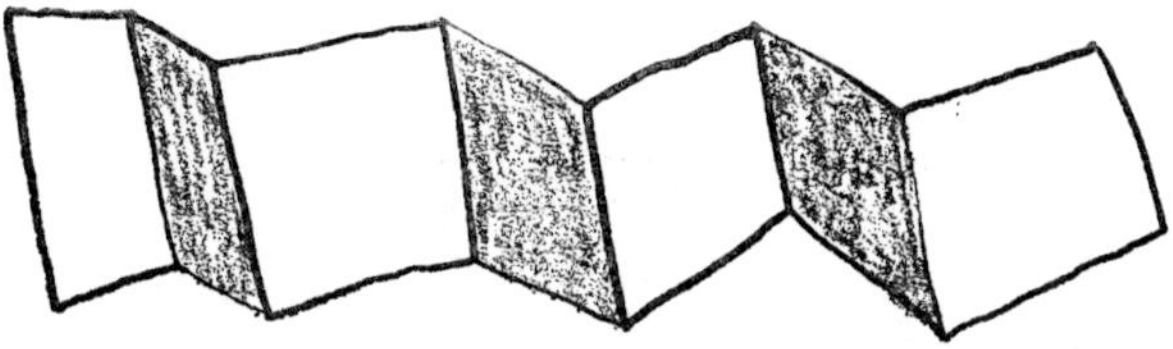

北海
デンマーク
オランダ
ベルギー
バルト海
ドイツ
ザルツヴェーデル
ベルリン
プロイセン
ゲッティンゲン
マールブルク
ライプチヒ
ボン
ワイマール
ポーランド
ハイデルベルク
ロートリンゲン
バーデン-バーデン
シュトラスブルク
テュービンゲン
バイエルン
チェコスロヴァキア
エルザス
フライブルク
ミュンヘン
ウィーン
バーゼル
フランス
スイス
オーストリア
ハンガリー
ジュネーヴ
ヴェネツィア
イタリア
は第一次大戦前
は第一次大戦後
の国境線

マイネッケ関係地図

I 遠い道

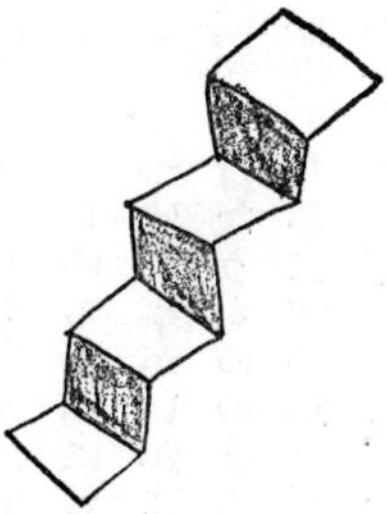

歴史への志向

マイネッケの『自伝』　ランケもマイネッケと同じく天寿をまっとおした歴史家だが、八〇歳をむかえたとき、こうのべている。「いまや私は満八〇歳を迎えようとしている。一七九五年と一八七五年との間の時代は、なんという大きな転変や決定的な事件に満ちた時期であった事であろうか。個人の生命がいかにとるに足らぬものであろうとも、しかもそれはあらゆる瞬間において一般的事件の働きかけの下にあるのである。大きな事件を自己の生命に結びつける事がいかに不遜《ふそん》な事であろうとも、他方においてそれはやはり不可欠であり、いわば回想を行なうものの義務なのである」（『自伝』林健太郎訳）。そうはいっても、ランケは自己の生を歴史のなかにすっかり埋没《まいぼつ》させることをいさぎよしとしない。「フリードリヒ＝ヴィルヘルム二世が一七九二年に企て、一七九五年に放棄したところの事が、一八七〇年には彼の孫によって遂行されたのである。私の生涯はこの二つの大事件の間を歩んだのであった。しかしそれらの事件がいかに大きなものであろうとも、私の生涯はそれに支配されているとは思わない。それはまたそれ自身の内的な、あらゆる事件から独立した活動を持ち、それ自身の目的に従ったのである」。

マイネッケが自伝をかくにさいして、ランケを思いうかべたのではなかろうか。なぜならつぎの釈明は、表現こそ異なれ、趣旨を同じくするからだ。「長らく私は、回想録をかくという出版社の好意ある希望にさからってきた。というのは、自分のもっとも個人的な事を一般の取り扱いにゆだね、そのさい自分をたいへん重要と思われる嫌疑をおこすことに自然な恐れをもつからだ。ところが自己の発展を回顧的な考察で明らかにし、これを子孫にしらせるのは老いたる人間にふさわしいことである。それゆえに私はすでに数年前たんに家族のために思い出をかきおろしたが、いま公衆用の小冊子に変えようと決心したのは、こう考慮したためにほかならない。すなわち、どんな人生でも、どんなにつつましい人生でも、神の前ばかりでなく歴史の前で固有価値をもっている。たとえそれが時代の流れの波あるいは一滴にすぎないにせよ、じっさい、いかなる人生も、明らかにされるが早いか、歴史的変化について何かをしらせるものである。そうした変化にたいするかれ自身の寄与がいかに微小であれ、やっぱり固有価値は存する」。——「私の地味に推移した学者生活について、見聞した時代の歴史的理解におそらく資するかぎり語ってもよいだろう。些細な、世事にうとい体験も、その場合、注意深い読者にとっては象徴的な性格をうるかもしれない」。

　こうした意図でマイネッケは、一九四一年に『体験記一八六二年―一九〇一年』を、一九四九年には『シュトラスブルク―フライブルク―ベルリン一九〇一年―一九一九年』を公刊した。両書は『著作集』では『自伝的著作』にまとめられている。以下では両書を『自伝』に一括して、これによりながら、マイネッケがどのように歴史への道をすすんでいったかを明らかにしよう。

マイネッケの原体験

フリードリヒ＝マイネッケは一八六二年一〇月三〇日、プロイセンの小都市ザルツヴェーデルにうまれた。エルベ河の西に位し、ハノーファーとの国境に近い。ブランデンブルク辺境伯のいちばん古い領地である。プロイセン王国はこのブランデンブルク辺境伯領からおこった。曽祖父の代からザルツヴェーデルに住み、父フリードリヒ＝ルードヴィヒ（一八一〇〜九七）にいたるまで「ポストマイスター」をつとめた。いなかの郵便局長だ。さほどひらけていない地方のことだから、郵便局長といえば一寸した地位であったろう。母ソフィーは東プロイセンのプロテスタント派牧師の娘である。こうした家系から、国家に忠誠なプロイセン官吏の伝統とプロテスタントの敬虔《けいけん》な気風がマイネッケの幼《おさな》心にしみこんだことは、想像にかたくない。『自伝』は幼少時代を回顧して、ザルツヴェーデルの歴史と自然、それらからうけた影響を、感謝の念をこめてのべている。

一八七一年の復活祭に、父の転勤にともなってベルリンへ移った。いなかでは父はいっぱしの役人だった。首都ベルリンの官庁では属僚にさがったものの、暮らしむきは中流程度の家庭でマイネッケは育っていく。一八七一年は、プロイセンがフランスとの戦争で圧倒的勝利をえ、ビスマルク（一八一五〜九八）がドイツ帝国を建設した年だ。ベルリンは戦勝気分でわき立っていた。「一八七

ドイツ帝国の成立　ヴェルサイユ宮殿

一年七月に、勝利嚇々《かくかく》たる軍隊がブランデンブルク門へはいった。両親が親戚の好意で大学の建物の観覧券を手にいれた。北翼の三階に立ったところ、そこから連隊の幅ひろい前列が行進するのをみた。たかい円筒をかかげた古参兵の一群をみた。私は自分にいいきかせた。これが一八一三年の老兵なんだ、と」。子供心にも感銘したにちがいない。だが、四七年後に、マイネッケは暗澹としてしるす。「一九一八年一二月、講堂が大学の同じ北翼へ移された。というのは、講堂はスパルタクス団やボルシェヴィズムにたいするエーベルト政府のために戦おうとする信頼すべき兵士たちでしめられたから。私が講堂でルイ一四世時代の講義をしているあいだに、とつぜん軍楽がひびきわたった。ロシア東部からきてフランクフルト門をはいった軍隊が、リンデン街にそうて行進してきたのだ。一八七一年の思い出が私をとらえた。私は中休みして、過去現在について学生に何を、どう話すか思いめぐらした。が、そうはしなかった。苦悩が私の声をつまらせると思ったので。それで私はルイ一四世の講義をつづけた」。さらに二八年後の一九四五年、第二次大戦の終わりに、疎開先でベルリン陥落の悲報をきく。なんという激変！ かれはドイツ第二帝国の興隆と没落、第三帝国の瓦解《がかい》という三重体験をしたわけだ。プロイセン－ドイツ史がマイネッケ政治史学の主要テーマをなすのは、このような原体験にもとづく。

ドロイゼンへの傾倒

ベルリンのケルニッシェ－ギムナジウムをへて、一八八二年にベルリン大学へはいる。ランケが教壇を去ったあと、プロイセン学派が花ざかりだった。J・G・ドロイゼン（一八〇八～八四）はプロイセンを中心とするドイツ統一をとなえ、ハインリヒ＝フォン＝トライチュケ（一八三四～九六）は教壇に帝国議会の演壇に、熱弁をふるってビスマルクの政策を擁護した。ランケ史学をうけつぐとはいえ、政論的傾向をおびたプロイセン派は、意気大いにあがった。プロイセン国家への忠誠心を抱くマイネッケではあったけれど、こうした熱っぽい雰囲気にはかんたんになじめなかったようである。

プロイセン派のうちでマイネッケがもっとも感銘をうけたのは、ドロイゼンである。しかし『プロイセン政策史』の著者としてよりも、史学論を講ずるドロイゼンに傾倒したことが当時の心境をしめす。『自伝』はこうしるしている。「その講義は私の学生時代のすべての講義のうちでもっとも

ドロイゼン

強烈に私の情熱をもえあがらせた。わかい歴史家を教化すると同時に鼓舞するのにすばらしく適していた。私はこのドロイゼンの講義ノートという手引きが私にとって何を意味することができたかを、さらに学問のいとなみにはいったその後の数年間にやっと感知した。二度、ドロイゼンは、稲《いな》妻《ずま》のように、私のうちにすでにまどろんではいたものの、まだなんら明確なかたちをとらなかったものをよびさました。一度は、彼がラファエロのシスティーナについて話し、それで、いかなる批判的な処置によっても、転用や伝承の証明によっても証されえない人格のX《エッキス》をしめしたときだ。これだ——と私はそのとき歓声をあげた——人格のこの秘密こそ、あらゆる歴史的行動の基礎になっているのだ。つぎは、講義の率直に話した結論である。つまり、現実の歴史とそれについてのわれわれの知識とは天地の差がある。われわれは出来事については断片的な仮象しかもたないけれども、慰めになることには、人類の思想の発展を不備な資料においても跡づけることができるのである」。プロイセン-ドイツ史がマイネッケ政治史学の中心テーマを形づくるとすれば、たまたまドロイゼンによって触発された人格-個性思想が、今後かれの史学論の核心となっていくだろう。

ベルリン大学卒業とランケの死

一八八三年、マイネッケはライン河畔の古都ボンの大学に転籍し、ここに二学期(一年)をすごす。ベルリン大学にはいった当初ゲルマン学を志望していたかれは歴史学に転じた。『自伝』にしるす。「私の研究をつづけるのに都合のよい見込みがひらけた。父の古い女友達で、ボンの神学教授ハッセの未亡人が、私の両親に私の研究の重荷をかるくするように招いてくれた。私は一八八三年四月の末、幸福感にみたされてライン河をいき、私のドイツ的な、これまでハルツやテューリンゲンで区切られていた地平線の限りない拡大だとかんじた。すぐ第一日目に私は、春のみどりでかがやくフォアゲビルゲを漂泊《ひょうはく》し、ゴーデスベルクの廃墟を発見し、たるぶどう酒をのみほした」。陰鬱《いんうつ》な北ドイツと対照的なラインの風光は、マイネッケに新鮮なよろこびをあたえたことであろう。ボンではモーリッツ＝リッター(一八四〇～一九二三)、カール＝ランプレヒト(一八五六～一九一五)、ゲオルク＝フォン＝ベロウ(一八五〇～一九二七)などからドイツ皇帝時代史やドイツ経済史を学んだ。ゲルマン学から歴史学への転向はもう動かしがたいものとなった。

一八八四年にふたたびベルリン大学へもどり、ドロイゼンの弟子で、フリードリヒ大王(在位一七四〇～八六)の研究でしられたラインホルト＝コーザー(一八五二～一九一四)からフリードリヒ大王の講義をきき、ゼミナールに加わった。「もし私がこんにち私の学問の発展を支配するもろもろの影響をあげることがゆるされるなら、まず第一にコーザーの名をあげなければならぬ。かれは方法的批判の確実さと考察方法の明晰によって、私の尊敬する指導者となった」。このコーザーの指導で『シュトラーレンドルフの所見』にかんする学位論文を提出した。シュトラーレンドルフ（一六一二ごろ没）は一七世紀はじめの帝国副官房長であって、その文書はブランデンブルク－プロイセンの歴史において重要な意義をもつ。学位論文にはトライチュケを主査として、ゲルマン学の泰斗《たいと》であるヴィルヘルム＝シェーラー（一八四一～一八八六）や哲学者ディルタイ（一八三三～一九一一）が隣接学科から審査に加わった。コーザーは員外教授のため審査資格がなかったのである。

学位論文の通過をもってマイネッケは一八八六年にベルリン大学を卒業する。この年の五月二三日にランケが世を去った。『自伝』はしるす。「博士試験の三日後にランケが逝去した。私は研究室の連中といっしょに柩《ひつぎ》にしたがってルイーゼン街から教会へすすんだ。学界への私の最初のとるに足らぬ歩みと巨匠を失ったことが同時におこったということが、私を感動させた」。それから五〇年後の一九三六年一月二三日に、かれじしんが会員であったプロイセン科学アカデミーにおいてランケ記念講演を行う。「ランケは五四年の長きにわたって引きつづき当アカデミーの会員であった。われわれは、まだそれほどはっきりとではないが、一人の不滅の人物の葬儀に参列していることをすでにしっていたのである。ランケが死去したとき、かれのわれわれにたいする作用はまだ完全には学派の塵埃《じんあい》から清められてはいなかった。かれははじめ、たんにひとつの学問の秀れた教師としてしか見えなかった。しかし、こんにちわれわれは、人間精神の一連の偉大な産物を生んだかれを最高峰のひとつとし、ひとつの根源的問題に下された解釈の試みであるとみることができるであろう」(『歴史主義の成立』)。二三歳のわかい歴史家がランケの葬儀に参列しつつ漠然とかんじていた師の偉大さにたいする理解は、年とともに深まり、ついにはかれをランケ史学の嫡子《ちゃくし》たらしめるであろう。

文書官として

ベルリン大学卒業後、半年のあいだメッケンブルクの貴族の家庭教師をつとめ、一八八七年にコーザーの推薦でプロイセン国家文書館に奉職する。館長ジーベルを助け、一八九三年には正式に文書官となる。文書官として勤務した一四年間は、将来の発展にとって重要であった。文書官の仕事は無味乾燥であれ、歴史研究のための基礎訓練を十分につませたからである。そうした訓練は実をむすび、ジーベルのすすめによって処女作『ボイエン元帥伝』二巻(一八九六―九九年)をあらわして将来を嘱望《しょくぼう》される。ボイエン(一七七一～一八四八)はプロイセンの軍人、シャルンホルスト(一七五五～一八一三)のもとにあってプロイセンの軍制改革にあずかり、一般義務兵役法を制定した。「シュタイン―ハルデンベルク改革」と称されるプロイセンの自由主義的改革の一環をなす。本書には個性、普遍、発展といったマイネッケ史学の根本思想がはやくもあらわれ、在来の政治史を断然ぬきんでていた。注目されたのも道理だ。

『ボイエン伝』の公刊とともに特筆しなければならないのは、一八九三年からジーベルとともに

HZの編集にたずさわるようになったことだ。いらい四〇年間、かれは編集を担当してドイツ歴史学の発達に寄与することになる。なお、文書館時代に歴史家オットー＝クラウスケ（一八五九～一九三〇）とかオットー＝ヒンツェ（一八六一～一九四〇）のような終生の友をえた。また一八九五年六月には、ベルリンの衛生顧問官デルハースの娘アントニエ（一八七五～一九七一）と結婚し、苦楽をともにする。

沈滞した政治史学界

さて、『自伝』に「全ドイツにおいて一八九〇年ごろは政治のみならず精神界にも何か新しいものがかんじられる」とあるように、そのころドイツの情勢は変化をとげつつあった。ビスマルクが挂冠《けいかん》してヴィルヘルム二世（在位一八八八～一九一八）の治世にはいると、ビスマルクの保守政策とうってかわって帝国主義的世界政策に針路をかえ、歩一歩、危険な方向へむかう。哲学界ではヴィンデルバント（一八四八～一九一五）や高弟リッケルト（一八六三～一九三六）の新カント学派やディルタイの生の哲学がおこる。歴史学界に目をむけると、ジーベルやトライチュケがあいついで世を去り、プロイセン派はにわかに生彩《せいさい》を失った。プロイセン派の凋落《ちょうらく》は、一方ではプロイセン一辺倒の、権力主義的な傾向の衰えを意味したが、他方では、よかれあしかれプロイセン派を特色づけた政治と歴史との密着を弱めた。折から、新ランケ派が台頭して「ランケに返れ！」とさけぶ。ただ、かれらは専門科学としての歴史学の確立に貢献したけれど、書斎学者におちいる嫌いがあった。こうした情況のもとで、西欧の実証主義や唯物論の影響をうけたランプレヒトなどの文化史や社会経済史が活気づく。マイネッケがデヴューした世紀末の歴史学界は、およそこうした情況を呈していた。たしかにひとつの時代の終幕と、あらたな時代の開幕をつげていたのである。もし新進歴史家の課題があるとすれば、こういう沈滞した政治史学に新風を吹きこむことでなければならない。当時の学界を見わたして、マイネッケのほかにこれをなすひとはいなかった。

政治意識のめざめと歴史理論への関心

変化は外界でおこっていたばかりではない。文書官の仕事に没頭しているころ、マイネッケには徐々に内面の変化がおこっていたのである。『自伝』はしるす。「一八九〇年ごろ、私が新しい発酵時代として体験したとしても、むろん、私をもっとも強く動かしたのは時代の政治問題ではなかった。私がまったく個人的に出あったのは、無時間的な政治問題だった。つまり、個人の自由と国家の拘束との関係というような。私ははじめてヴィルヘルム＝フォン＝フンボルトの『国家活動の限界論』をよんで心を動かされた。個人と国家とはたがいに永遠に争うというフンボルトの考えは正しいのではないか。国家が個人の領域へなにかと干渉するのは、たとえ正しいことで避けられないにしろ、なんらかの暴行とむすびつくのではないか。私のうちにもはげしい自由の要求が動いた。とはいえ、いままで私はなんといってもつねに国家に忠誠をまもり、民族にむすびつけられ、しかも同時に内心では自由だとかんじていた。それは当時の人びとはそうでありえたのだ。このことはあの時代の幸運だった。緊張、対立、しかもさいごには対立における統一をけっきょくふたたびかんじた。革命的と同時に保守的、というかんじだ。こうした考えの何かがボイエンの覚え書にかんする私の論文にそそがれた」。ヴィルヘルム＝フォン＝フンボルト（一七六七〜一八三五）が青年期にかいた『国家活動の限界論』は自由主義的国家思想の先駆といわれ、個人の自由や自発性を根幹とした（拙著『フンボルト』参照）。マイネッケがそうしたフンボルトに啓発されたのは意味深長だ。これから先き、個人の自由と国家の拘束という対立がマイネッケ政治史学の根本思想となっていくからである。

フンボルト

　こうしてかれはしだいに政治意識にめざめる。フリードリヒ＝ナウマン（一八六〇〜一九一九）の『国民社会同盟』に接近したのが端的なあらわれだ。ナウマンはプロテスタント神学者だったが、国民主義と社会主義とをむすびつけようとした。プロイセン流儀の保守主義にもヴィルヘルム二世の帝国主義にもあきたらぬマイネッケは、ナウマンにひかれたのである。このナウマンをつうじてマックス＝ヴェーバー（一八六四〜一九二〇）にも共鳴する。ヴェーバーの名著『プロテスタンティズムの倫理と資本主義の〈精神〉』から多大の影響をうけるようになる。

内面の変化は政治意識のめざめだけではない。ベルリン大学でドロイゼンの史学方法論に感銘したマイネッケは、歴史理論の研究を志す。新カント派やディルタイによる刺激も手伝って、いよいよ関心を深める。『意志の自由と歴史学』（一八八六―八七年）は、歴史理論にかんする処女論文であって、後年の歴史思想がめばえている。とりわけHZの編集者となってからはたびたび論説を発表する。ランプレヒトとの論争を諸君は次章でみるだろう。

このように新進歴史家は内面の変化を自覚し、気力充満し、精力のはけ口をもとめていた。しかし、幼少時からなじんだプロイセン的雰囲気から脱し、ベルリン大学の古い史風から訣別するためには、思いきってちがった環境に身を投ずる必要があった。たまたまシュトラスブルク大学から正教授のポストを提供された。これを機会に個人的体験は社会的体験へ大きく飛躍する。『自伝』第一部が一九〇一年をもってページをとじるのは、理由のないことではない。

シュトラスブルクからベルリンへ

『自伝』第二部は、シュトラスブルク近世史教授に就任した一九〇一年から第一次大戦終局後の一九一九年までをしるす。みたところ、なんの変哲《へんてつ》もない教授生活だ。だが、ひとにはいろいろな生き方があって、波乱にみちた人生だけが人生ではない。たんたんと見える行路がかえって政治家や革命の闘士にまさって屈折にとむことがある。少なくとも思想のドラマの場合は。

「古き良き時代」

ところで『自伝』第二部の序言はいう。「これらの回想録は一九四三年と一九四四年にかきおろされた。私が第三帝国のまもない崩壊をすでに予見し熱望したとはいえ、われわれのうえにくるであろう不幸の範囲をまだ予感しなかった時代である」。『自伝』第二部は、牧歌的ともいいたい、しあわせな日々の記述ではじまる。一九〇一年秋（三九歳）にマイネッケはエルザス州の首都シュトラスブルクの大学に着任する。ご承知であろう。エルザスは、プロイセン－フランス戦争における勝利の結果、ロートリンゲンとともにプロイセンの獲得するところとなった。いまはむろんフランス領である。かつてボン時代にロマンティックな青春のよろこびを味わった大学生は、いまや志操《しそう》堅

シュトラスブルク大寺院遠望

固な教授となっている。南ドイツの風物をみる目もしぜんとちがってこよう。「シュトラスブルクでは過去と現在とのあいだに中断がなかった。ロマン―ゴシック中世、バロック、一八七一年以後の壮大な最新式建物が密集し、ほんとうに調和のある統一をなさなかったけれど、それでも歴史生活の統一と連続性を形づくっていた。それからこの統一にシュトラスブルクの大寺院が中心をあたえる」。シュトラスブルク大学に法律学を学んだわかき日のゲーテ（一七四九～一八三二）をして、ゴシック教会建築の粋《すい》と絶讃させた大寺院である。シュトラスブルク時代（一九〇一～〇六）にマイネッケ夫妻は次女をもうけ、小さな家をたてた。当時この大学はどんな教授陣を擁していたであろうか。哲学科にオリエント学者ネルデケ（一八三六〜一九三〇）、美術考古学者ミハエリス（一八四八〜一九一五）、新カント派の頭目ヴィンデルバント、美術史家デヒーオ（一八五〇〜一九三二）、古典学者シュヴァルツ（一八五八〜一九四〇）、法学科に経済学者クナップ（一八四二〜一九二六）、神学科にアルベルト＝シュヴァイツァー（一八七五〜一九六五）、とならべただけで、錚々《そうそう》たるメンバーだったことがわかろうではないか。マイネッケ夫妻はしばしばシュヴァイツァーのバッハのオルガン演奏をきいたということである。

『自伝』は、故旧《こきゅう》わすれうべき、といった面持《おももち》で語っている。「シュトラスブルクが生活と学問・精神と自然において私にしめしたいっさいを回想するとき、それらはひとつの全体に、つまり唯一の偉大な連関に、当時の上ライン文化圏の像にひろがっていく。この文化圏こそ、世紀の変わり目におけるドイツ生活の一般的な刺激のなかでとくに美しいものをあらわしていた」。上ライン文化圏とは、シュトラスブルク、フライブルク、ハイデルベルク、バーゼルなど、ライン河ぞいの諸大学がおのずからひとつの文化圏を形成したのをさす。そこの教授――シュトラスブルクのヴィンデルバント、マイネッケ、フライブルクのリッケルト、バーゼルの歴史哲学者カール＝ヨエル（一八六四〜一九三四）、ハイデルベルクの哲学史家クーノ＝フィッシャー（一八二四〜一九〇七）、歴史家エーリヒ＝マルクス（一八六一〜一九三八）、神学者エルンスト＝トレルチ（一八六五〜一九二三）、社会経済学者マックス＝ヴェーバーたち――は、毎年六月のある日曜日、有名な湯治場バーデン－バーデンのホテルに会した。芸術家やナウマンのような社会主義者も加わった。「ラインの右岸と左岸、エルザスとバーデンとが、こうして当時われわれの歴史的・政治的・文化的思考や感情にとってただひとつの、汲めどもつきぬ歴史的豊かさの風景を形づくった」。

シュトラスブルク時代にマイネッケの研究も進捗《しんちょく》する。「私が一九〇七年から一九三六年までの三〇年間に公刊できた精神史の三著作（『世界市民主義と国民国家』、『近代史における国家理性の理念』、『歴史主義の成立』）の根源は、シュトラスブルクにおいて念頭にうかんだものにある——一部はすでに確固とした中心思想として、一部は歴史生活の新しい、魅力的な、私にこれまで疎遠だった現象にたいする関心の方向転換として」。かれはまた方々を旅行して見聞をひろめた。アルプスやシュヴァルツヴァルト地方、フランス（パリ、ノルマンディー）やイタリア（フィレンツェ）へ。外国とその文化財をじしんの目でとっくりみた。プロテスタントであるかれはカトリックをもしった。南ドイツではカトリックが大きな勢力をもっているのである。こうして五年間にすぎなかったけれど、シュトラスブルク時代はみのりゆたかであった。「古き良き時代」ということばほど、この時代をいいあらわすのにふさわしいものはあるまい。

フライブルク時代

一九〇六年、マイネッケは先輩ベロウのすすめにしたがって、ベロウのいるフライブルク大学に移る。フライブルクはライン河の向こう側にある古い大

フライブルク大学

学町だ。「われわれはフライブルクでは持ち家など考えることができず、借家住まいをして、たびたび引っこさなければならなかった。八年半のあいだにつぎつぎと移り住んだ三軒の小さな家で記憶にいちばん好ましいのは、ヘルダー地区のレンゲンハルト街にあった、最初の小さい家だ。シュロッスベルクの急斜面をのぼっていく庭園のすぐ前で、快適なインメンタールの入口にあった。ここで私は『世界市民主義と国民国家』第一部を執筆したのである」。

私事にわたるが、一〇数年前、わたくしはフライブルクに一年近く住んだことがある。客員教授ということで大学当局から便宜をはかってもらったけれど、あまり利用はせず、暇にまかせてフライブルク周辺を歩きまわった。わが国のマックス＝ヴェーバー研究家、安藤英治氏が『ウェーバー紀行』でフライブルク時代のヴェーバーを追跡調査しておられる。わたくしも『世界市民主義』にゆかりの地を捜索《そうさく》したかもしれない、もし氏のような熱心な捜索欲があったら。が、当時そういう興味はあまりなかった。ただ、市街地図でしらべてみると、ヴェーバーが住んだドライザーム川ぞいのシラー街とか、マイネッケが住んだレンゲンハルト街界隈《かいわい》は、たびたび散策の杖をひいたところだ。ぶどう畠ごしに、シュトラスブルク大寺院に比肩《ひけん》するフライブルク大寺院がそびえ、シュロッスベルクの展望台から町並みを俯瞰《ふかん》する。いっときカフェーでいこいながら、わたくしはドイツ地方都市の快適さをしみじみと味わった。ともあれこの由緒《ゆいしょ》ある大学で同僚としてA・ドーヴェ（一八四四〜一九一六）、H・フィンケ（一八五五〜一九三八）、ベロウ、リッケルトと交わり、H・ロートフェルス（一八九一〜　）やS・ケーラー（一八八五〜一九六二）、W・モムゼン（一八九二〜一九六六）のような優秀な弟子を養成した。

　フライブルク時代（一九〇六〜一四）は、マイネッケにとって学問上まことに豊穣《ほうじょう》であった。『ドイツ興起の時代（一七九五ー一八一五年）』（一九〇六年）、論文集『シュタインからビスマルクへ』（一九〇九年）、『ラドヴィッツとドイツ革命』（一九一三年）など。なかんずく『世界市民主義と国民国家』（一九〇六年）は、精神史家あるいは政治的理念史家としての地位を確立した傑作だ。この著書の第二版（一九一一年）序文にこうある。「本書はつぎの考えにもとづく。すなわち、ドイツの歴史研究はその方法的作業の貴重な伝統を放棄することなしに、ふたたび自由な活動と国家・文化生活の大きな力との接触へたかまらなければならない。またドイツの歴史研究はそれ独自の本質と目的とを損うことなしに、もっと大胆に哲学および政治へ身をひたしてよい。こうすることによってはじめて世界的であると同時に国民的であるというその独自の本質を展開することができる」。

『カイザーはわれわれの不幸だ』

「もっと大胆に哲学および政治へ身をひたしてよい」という序文のことばが、マイネッケの率直な告白だったことを諸君はしっているはずだ。ベルリン大学生時代におけるドロイゼンへの傾倒、シュトラスブルクやフライブルクにおける哲学者との交友は、哲学的関心をつよめた。では、政治的関心のほうはどうか。フライブルク時代のかれを特徴づけるのは、現実政治にたいするしれつな関心だったといってよい。『自伝』によれば、「あらゆる領域でつよい刺激をもった第一次大戦前の数年は、私を政治へひきいれた。あるいはむしろ、この数年が私の政治的関心を積極的にした。九〇年代の半ばいらい、私は保守派から内心ではたもとをわかっていたにせよ、思考における保守的要素ははなさなかった。ナウマンや彼の国民社会主義の仲間の社会・改革的努力をますます同情の念をもって追ったときでも。クラウスやヒンツェやエアハルトといった友人とともに、すでにベルリンの保守的時代に私は内心ヴィルヘルム二世の人柄や乱暴に反抗した。しかもこの内心の反抗は、私の心が傾いていた君主制にたいするものではなくて、君主制を台なしにする君主にたいしてのものだったのである。そのとき、一九〇八年にヴィルヘルム二世の思慮の浅い、感受性のない振舞いを露呈した、あのデーリー－テレグラフ事件がおこった。友人のカイベルと私は、インメンタールを歩いていたとき、この事件について心中をうちあけた。カイベルと私は政治的に一致したわけではなかったけれど、カイザーの行動を拒否する点ではすぐさま一致した。ふたりは異口同音にいったものだ。≪カイザーはわれわれの不幸だ！≫と」。

ヴィルヘルム二世(右)
とジョージ五世

デーリー－テレグラフ事件というのは、ドイツ皇帝ヴィルヘルム二世の軽はずみな言動のために、一時イギリスと外交危機におちいった事件だ。ヴィルヘルム二世が一九〇八年にイギリスのある大使との会談記事を『デーリー－テレグラフ』に発表させたところが、そのなかにイギリスを侮辱するような発言があり、イギリスの世論が沸騰《ふっとう》した。ドイツ議会の各党が一致して皇帝と政府を攻撃したので、皇帝が弁明した。議会側が勝って皇帝の無分別な政治発言をおさえるかたちにはなったけれど、皇帝はかえって帝国宰相ビューロー（一八四九～一九二九）の責任を問うて失脚させた。こういうヴィルヘルム二世の軽挙盲動《もうどう》は、心ある人びとの憂慮するところとなっていたのである。

マイネッケはこうしたドイツの政策に不安をかんじ、デーリー－テレグラフ事件のあとに皇帝を非難する集会をひらいたり、一九一〇年以後にはしきりに新聞に政治論説を発表する。それらの時事論文は、げんざい『著作集』第二巻の『政治著作および演説』に再録されている。当時のマイネッケの政治的関心がいかにたかまっていたかを、まざまざとしめす。

ベルリンへ

このようにフライブルク時代はかれの精神的発展に消しがたい足跡をのこした。自分でもそれを承知した。だのに、長くとどまらなかった。『自伝』はしるす。「フライブルクは私にとって完全な故郷となりえたか。フライブルクを愛しはした。が、自分でもよくわからぬある不合理な感情が、私にあたえられた美しいものにもかかわらず、私をフライブルクにたいして内的な距離をたもたせた。すでに一年後の一九〇七年にハイデルベルクへいきたいと思った。一九〇九年夏にはマールブルクから招きをうけた。同年の終わりにテュービンゲンからもつよい誘いがあった。一九一三年の終わりにはベルリンからも。ベルリンでは私が第一位に推された。まったくあけすけに告白するが、私はかつてヤーコプ＝ブルクハルトがこうした事柄を処理した、りっぱな範とすべき無関心を能《よ》くすることができなかった。招聘《しょうへい》に応ずる言いわけをするために私はいったものだ。≪もしお前がベルリンへいくなら、お前は人生の幸福を失い、生活内実を獲得するだろう≫と」。

ブルクハルト（一八一八〜九七）は一八七二年にランケの後任としてベルリン大学教授に補された。ブルクハルトはベルリン遊学のとき、ランケに学んだ。恩師の後任とは願ってもないことではないか。ところが固辞してうけなかった。ランケを尊敬しながらも、その性格や学風にへだたりをかんじたし、プロイセン派には好感がもてなかった。ましてや、プロイセンの鼻もちならぬ傲慢《ごうまん》さには厭気《いやけ》がさすばかりだったのである。マイネッケは、ひょっとしたらブルクハルトの故事を思いだしてこうかいたのかもしれない。しかもブルクハルトの例にならうことができなかったのは、なぜだろうか。首都大学ではなばなしい活躍をしたいという野心などみじんもなかった、といったらうそになろう。南ドイツのいなか町でくすぶっていられない、何かうつぼつとしたものをもっていたのは、かくせまい。とすれば、ベルリンにいくからには、「生活内実を獲得するかわりに人生の幸福を失う」のは、覚悟の前だったろう。じじつ、ベルリン時代につむ社会的・時代的体験から苦悶は大きくなるいっぽうだ。

けっきょく、八年有余のフライブルク生活をきりあげ一九一四年秋にベルリンへ移る。ドイツはもう第一次大戦の渦中に投ぜられていた。前途の不吉を予感するかのように、『自伝』はしるしている。「一九一四年の夏学期を私はなお美しいフライブルクですごした。夏学期は私にとってほがらかに始まり、突然の天候急変で終わった。つまり、八月一日の第一次大戦勃発で。なおフライブルクですごした最初の八月の数週間に、しばしば大砲のとどろきがエルザスからひびいてきた」。

戦時下の日々

著作集第二巻『政治著作および演説』を編集したコトヴスキーによると、世界大戦の最初の数か月間、マイネッケはひたすら勝利を確信し、前線銃後の耐久力をつよめることに専念し、その点で一般の感激の流れのなかにいた。しかし、そうした感激は長くつづかなかった。かれの素朴な楽天論は動揺をきたし、とうとう崩壊した。というのは、国民大衆をもって、高度に発達した技術を用い、ぬけ目のない宣伝方法を駆使して行われた戦争は、かれがそれまで歴史家として研究してきた戦争とは様相を異にすることをしったからだ。なかでもかれを動揺させたのは、戦争が文化戦争として遂行され、そのためにロマン－ゲルマン民族の運命－文化共同体を破壊するにいたったことを認識したからだ。さらに、ドイツの政策がもう少しうまくいったら戦争の勃発をくいとめることができたのではないかという疑いや、戦争があまりにも長期化すればドイツの内部の分裂や軍事的敗北となるだろうという懸念《けねん》が加わった。

　第一次大戦にたいするマイネッケの対応は屈折している。が、たとえばポイスの研究（『フリードリヒ＝マイネッケと二〇世紀におけるドイツの政治』）も、ホーファーの研究（『ドイツ歴史叙述における政治と倫理』）も、だいたいにおいてコトヴスキーの意見と同じである。ともあれ、このようなマイネッケの認識と懸念は、ベルリン大学における親しい同僚との意見交換でつよまったようだ。『自伝』によれば、法制史家オットー＝ヒンツェ、ハイデルベルクから転任してきた哲学者エルンスト＝トレルチ、国民経済学者ハインリヒ＝ヘルクナー（一八六三～一九三二）らの四人は、毎月第二日曜日の午後、ダーレム－ドルフ駅からグルーネヴァルトをへてカフェーに達する散策をきまって行い、戦局やドイツ内外の情勢について意見をかわした。帝国宰相ベートマン＝ホルヴェーク（一八五六～一九二一）の父がはじめた「水曜会」や、ベルリン大学の歴史学教授ハンス＝デルブリュック（一八四八～一九二九）を中心とした「水曜夜会」にもきちんと出席した。ベートマンとか外相キュールマン

（一八七二〜一九四八）のような有力政治家と個人的接触をもったことも、政治的識見をひろめるのにあずかって力があった。

そうした一方で研究もすすんだ。マイネッケはアカデミーにはいった直後の一九一五年に、アカデミー講演においてこれまでの学問的発展と今後の研究計画を報告した。それによれば、従来の研究、なかんずく『世界市民主義と国民国家』から二つの課題が生じた。第一は、近代の国政術と権力政治との歴史を研究すること。第二は、一八世紀いらいの歴史的感覚の発生を闡明《せんめい》すること、だ。当初の計画は、これら二つの研究を『国政術と歴史観』と題する一冊の本にまとめることであった。しかし計画が変更されて、『国政術』は『国家理性の理念』（一九二四年刊）に、『歴史観』は『歴史主義の成立』（一九三六年刊）に、まとめられる。こうした変更には、第一次大戦の敗北という体験が直接の動機をなすことは、『国家理性の理念』の序論に明らかである。「ここで討究された諸問題を選択させるにいたった個人的な動機は、これもまたわれわれは最後の個所で告白する。それらの動機が『世界市民主義と国民国家』中に論ぜられたものから生じたことは、両書をあわせてよむひとなら、見のがさないはずである。〔第一次〕大戦の最初の数年間の由々《ゆゆ》しい、かつ深刻な昂奮にかられてはいたが、なお希望にみちていた気分のさなかにあって、国家統治と歴史観とのあいだの関連を闡明し、諸国家の利害にかんする説が近代歴史主義の前段階であることを論証する計画に着手した。ところがやがてドイツ崩壊のはげしい動揺によって、国家理性のほんらいの中心問題がしだいにその怖るべき姿をあらわしてきた。歴史的雰囲気は一変した。風雨にさらされる樹木が、そのほんらいの成長の線からいくぶん外れざるをえない羽目《はめ》におちいるとしても、それをとがめることはできない」。

ドイツの敗北

話は前後するが、戦争が二年目にはいると、ドイツでは戦争目的にかんして、「勝利の平和」か「和解の平和」かが論議され、マイネッケは後者にくみした。「勝利の平和」をやみくもにとなえるショーヴィニズムを憂慮したからだ。そこで、さかんに政治論文をかくかたわら、『自由と祖国のための国民同盟』に加わって、右翼政党の『ドイツ祖国党』に対抗した。戦局が末期に近づいてくると、ドイツは無制限潜水艦戦をはじめ（一九一七年二月）、ついにはアメリカ参戦（一九一七年四月）のきっかけをつくる。敗色は歴然《れきぜん》とした。西部戦線におけるさいごの総攻撃（一九一八年三月〜六月）も水泡に帰する。これを契機にキール軍港に暴動がおこり（一九一八年一一月）、全国に波及する。社会民主党のエーベルト（一八七一〜一九二五）が主班となって共和政府を樹立し、ヴィルヘルム二世はオランダに蒙塵《もうじん》する。一九一八年の崩壊（敗北と革命勃発）について、『自伝』はこうしるしている。

「われわれがいま体験したかくも深刻な日々の思い出は、それじたい、固有なものをもつ、つまり、個々の瞬間のみが煌々《こうこう》とてらされて記憶のなかでしっかりと固持されているということだ——

第一次世界大戦　西部戦線

夜の闇をさえぎる稲妻のように。一一月八日、ベルリンでは明日にも革命が勃発するだろうというたしかな感じがした。私は一一月八日の夜に妻とオペラハウスにおけるシンフォニーコンサートへいき、ベートヴェンの『第五』をきいた。帰路についたとき、広場や街は奇妙に静かだった。が、私の感じは、われわれは滅びゆく美しい世界のさいごの響きを今しもきいたということであった。ダーレムでは、一一月九日には終日、街でなんの事件も耳にしなかった。だが夕方になると、えらいことがおこった。エーベルトがいま人民委員のひとりとしてあらわれたことが、私をいささか安堵《あんど》させた」。ピンとはりつめた空気がマイネッケの筆をとおしてつたわってくるではないか。

『一九一八年―一九年の日記』中の一二月六日の項にもつぎのようにかいている。「革命は結局のところ、いま台頭した権力の自力によってではなくて、むしろ古い権力の崩壊によって勝利をえたのだ――積極的勝利よりも消極的勝利！

もっと賢明な政治が行われたなら、古い体制はなおかなり長いあいだ維持されえたであろうのに――もちろん、それでもいつかは大衆運動の前に崩壊することだろう。私はデモクラティックな楽天論から依然としてまったく自由だ。十分なデモクラシーをわれわれにとって一時の方便とみなし、それをわれわれにとってできるだけ害にならぬようにすることに努力するしかない」。

マイネッケはもともとヴィルヘルム二世流儀の君主専制には批判的だったけれど、さればといって、過激なデモクラシーにも批判的だった。そういうかれが、革命後、日を追うて共和制擁護に傾いていく。このような心境の変化は、右翼のクーデターがおこったあとの日記に、うかがうことができる。「上のようにかいたあいだに、執行部にたいする暴動の試みとエーベルトにたいする兵士のデモがおこった。だが暴動は明らかに軽はずみで無分別に準備された。エーベルトがいま断固とした手段に訴えず勝利をしめないならば、そのために彼は党に事態収拾の能力がないことを証明することになるだろう。大衆と兵士はむろん無定見で動揺しているから、エーベルトの心理を解しない。言語《ごんご》道断《どうだん》の局面だ！　やはり全体の利益をかんがえる者にとって、エーベルト派の力をできるだけつよくするよりほかに残された道はない」。

こうしたマイネッケの考えは、一九一九年一月に発表した論説『ドイツ共和国の行政』（著作集第二巻所収）でも裏がきされるし、不十分ながら、かれの意見はワイマール憲法にとりいれられた。ドイツの敗戦から一一月九日の革命勃発、エーベルトによる共和仮政府の成立、一九一九年一月のスパルタクス団の蜂起をへて、二月のワイマール新議会召集、エーベルトの大統領就任、ワイマール憲法採択、一九一九年六月のヴェルサイユ条約調印にいたる過程は、複雑をきわめ、とてもいいつくせない。ここでは、マイネッケが自己を失うことなく新事態に応ずるべくつとめた、とだけいっておこう。

戦中戦後の著作

戦中戦後における業績はどうであったか。『一九一四年のドイツの決起』（一九一五年）、論文集『一九世紀および二〇世紀におけるプロイセンとドイツ』（一九一七年）、時事論文集『世界大戦の諸問題』（一九一七年）、『革命以後』（一九一九年）と、やつぎばやに著作をだしたマイネッケは、一九二四年にいたって第二の大著『近代史における国家理性の理念』を公刊する。構想は、シュトラスブルク時代に成っていた。『自伝』によると、一九〇五年の復活祭の休みにフィレンツェにいったとき、サンタークローチェ寺院でマキアヴェリ（一四六九〜一五二七）の墓碑をみ、権力政治の問題に関心をもつようになった。ベルリン大学に移って早々、アカデミーで研究計画を報告した次第は前にのべた。本書についてはいずれ後述するが、マイネッケの意図はかならずしも理解されなかった。後輩の歴史家ゲルハルト＝リッター（一八八八〜一九六七）はかれの政治的理念史をするどく批判したし、のちにナチスの御用政治理論家となるカール＝シュミット（一八八八〜　）は、ヴェルサイユ体制のちょうちん持ちとけなした。『世界市民主義』から『国家理性』への推移は自然な変化なのであって、一時のつけ焼刃《やいば》でもなければヴェルサイユ体制への迎合《げいごう》でもなかったのだから、シュミットの批判などは的はずれなのである。ただ、多年らいの研究をふまえ、しかも現実政治にかんしてドイツの再建をはかろうとしたこの書が、「クラートス」（権力）と「エートス」（倫理）との対立の解決を将来の政治家に要請するにとどまったのは、中途はんぱだったし、見とおしは甘かった。「胸中に国家と神とを同時に抱く」べき政治家が、人もあろうにヒトラー（一八八九〜一九四五）のような人間だったとは！

とまれ、『国家理性』が公刊されたころ、ドイツは未曾有《みぞう》の混乱からようやく立ちあがろうとしていた。一九二六年には国際連盟への加入をみとめられた。タンネンベルク戦の勇将ヒンデンブルク（一八四七〜一九三四）が、エーベルトのあとに共和国大統領に就任する。にもかかわらずワイマール共和制の前途は予断をゆるさなかった。

ナチスとのたたかい

ヒトラーの政権掌握

さて、ドイツは戦後の混迷から立ちなおって、ワイマール体制は安定にむかおうとしたのも束《つか》の間、一九二九年一〇月にアメリカをおそった経済恐慌は、あっという間に世界に波及した。アメリカ経済に依存するところが大きかった戦後のヨーロッパ諸国は連鎖反応をおこした。とりわけアメリカのテコ入れで軌道にのりかけたドイツ経済は大打撃をうけ、社会不安が一挙にふきだした。こうした経済危機と社会不安こそ、ナチスの進出にとって絶好の機会だった。

一九二三年のミュンヘン一揆に失敗していらい、しばらく鳴りをひそめていたナチス(国家社会主義労働党)は急速に勢力をのばした。一九三二年には議席第一位をしめ、一九三三年には党首ヒトラーが、ブリューニング(一八八五〜一九六一)にかわって首相となって政権をにぎる。一党独裁制の確立、ユダヤ人の迫害、共産党の弾圧、言論出版の統制、ヴェルサイユ条約の破棄、国際連盟の脱退、ロカルノ条約の破棄、ラインラント進駐と、ナチスの跳梁《ちょうりょう》をあげたらキリがあるまい。一九三四年にヒンデンブルクが死去したのを機に大統領制をやめ、総統(フューラー)制をつくってヒトラーは最高権力者となる。軍備を拡張して侵略政策の土台をかため、スペイン内乱をつうじて同じく全体主義国家であるイタリアと手をくむ。さらにミュンヘン会談におけるイギリスの宥和政策に乗じて侵略行動を露骨にあらわす。こうしてついにポーランド侵入（一九三九年九月）を導火線として第二次大戦はおこった。終末は周知であろう。東方からのソ連軍、西方からの連合軍のはさみ討ちにあい、ベルリン包囲中にヒトラーは自殺（一九四五年五月）、ドイツは無条件降伏をして戦火はやっとおさまった。

煙たい存在

「第三帝国の一三年間にわれわれに与えられたあの恐ろしい体験を、人びとはいつか完全に理解するであろうか。われわれはそれを体験してきたとはいえ、だれひとりとして、これまでそれを完全に理解したものはなかった。すべてがたがいにいかなる関係にあり、また、いっそう深いもろもろの原因といかなる関係があるかを、そしてまた、第三帝国の初期にあれくらい多くの人びとを酔わせたはてしない幻想から、末期の日の同じようにはてしない失望と崩壊にどのようにして移っていったか、また移っていかなければならなかったかを、だれがわれわれにこんにち完全に説明できるだろうか。ドイツの歴史は、ときがたいなぞと不幸な方向転換にとんでいる。しかし、われわれにこんにち提出されているこのなぞと、われわれがこんにち体験している破局とは、われわれの感じからいって、以前のあらゆるこの種の運命をしのぐものである」。

これは、マイネッケが第二次大戦の末期から直後に、疎開先のバイエルンの農家の台所で古いノートにかきつづり、戦争終結後まもない一九四六年に『ドイツの悲劇——考察と回想』と題して公刊した書物のはしがきである。時に八〇歳。いったい、ナチスが跋扈《ばっこ》していたあいだ、かれはどうしていたのだろうか。かれはドイツ再建案が共和制以外にもとめられないとかんがえ、したがってワイマール共和制の動きに無関心ではいられなかった。いわんや、ワイマール共和制にしのびよるナチスの黒い影には。一九二九年一一月八日付の『ケルン新聞』によせた論説『思索の日』(『政治著作』所収)に、はっきりとわかる。この日はワイマール憲法制定一〇周年に当たっていたのである。要旨はこうだ。ドイツ人はこの日を「思索の日」とすべきである。いままでに到達されたこと、到達されなかったこと、また将来の行動を明白にすべきだ。かつて祖国のためにわれわれは王制を歓迎したけれども、こんにちは民主制を歓迎する。心からの確信をもってわれわれは、古いものは一九一九年に過ぎさってしまい、新しいものはワイマール憲法の民主制以外のいかなる形式もとりえなかった、と言う。ワイマール憲法は国民の下層と国家とのつなぎをつくりだした。国民の完全な同権と正しい国民的要求の満足に、ドイツの民主的共和制の最後的な運命はかかっている。ドイツ民族がその国家と憲法とのまわりに一致団結すればするほど、世界においてふたたび上昇する道をひらく衝撃力が大となるだろう。国内におけるファシストの手荒な治療法は外にたいしてもわれわれをよわめる。われわれはドイツのファシストと反動家と、一般的な原則では一致する。すなわち、個性的な局面——外国の手本やきまり文句ではなくて——がドイツの憲法状態を形づくらねばならぬという一般的原則では。ただ残念なことに、かれらはドイツ民族の個性的な情況というものを完全にまちがって判断している……。この後もマイネッケは『ケルン新聞』にしばしば寄稿してワイマール共和制下での国権の強化とナチスへの警戒をといた。そして一九三二年二月二六日、ヒンデンブルクの任期がきれて選挙が行われることになったとき、「祖国は危機にひんしている。ヒンデンブルクを選べ！」と檄《げき》をとばす。けっきょく、対立候補ヒトラーをおさえてヒンデンブルクが再選されたのであった。

ヒトラー（左）とヒンデンブルク

こういう事情であってみれば、ベルリン大学名誉教授（一九二八年に退職し、同時に国立歴史委員会会長となった）、自他ともにゆるす共和制の擁護者マイネッケが、ナチスに煙たい存在となったことにふしぎはあるまい。もともとナチスの民族主義史観は狂気の沙汰で、マイネッケの歴史観と合うわけがなかったのである。だからヒトラーが政権をとると、一九三五年に国立歴史委員会を廃止することによって、マイネッケの会長職をといた。たまたまヘルマン＝オンケン（一八六九〜一九四五）が三四年にプロイセンのアカデミーにおいてナチスの歴史観を攻撃したさい、御用歴史家ヴァルター＝フランク（一九〇五〜四五）はこれに反論し、はてはオンケンの大学教授職を停止させた。めざす目的は、オンケンをかばうマイネッケをHZから追放することだ。翌三五年にとうとうHZ編集者の地位を退くことを強いる。もっとも、ナチスもさすがに碩学《せきがく》の身に一指《いっし》もふれることはできなかったけれど。

ドイツ精神の救済をねがい

学問的研究にとって形勢は日に日に非だ。だがかれは黙々として研究にはげむ。第三の大著『歴史主義の成立』二巻（一九三六年）、論文集『歴史的感覚と歴史の意味』（一九三九年）、論文集『プロイセン－ドイツの諸相と諸問題』（一九四〇年）、『体験記』（一九四一年）、論文集『歴史のための箴言《しんげん》と素描』（一九四二年）などを公刊する。それらはナチスにたいする無言の抵抗ではなかったであろうか。なかでも『歴史主義の成立』は、二〇世紀ドイツ史学の記念碑的著作といってもいいすぎではあるまい。しかし、かつて『国家理性』においてそうだったように、本書もきびしい批判にさらされることは後述するとおりである。

一九四五年にナチス－ドイツは崩壊した。八三歳の老齢におよんで二度目の、しかも一度目の塁を摩《ま》すドイツの無残なすがたを目撃しなければならなかったのである。老軀《ろうく》にむち打ってかれは『ドイツの悲劇』をあらわす。前に引用した「はしがき」でいう。わたしは最初から、ヒトラーの権力掌握をドイツにとっての最大の不幸のはじまりとかんがえ、わたしの見解を、判断力のある同時代の人たちとの数しれぬ会話のなかでくり返し吟味し、かつ補充してきた。そのためここで、とくにまた考察と結びついた回想のなかで、発言の機会をあたえられているのは、精神的・政治的にヒトラーに反対の態度をとった連中である。わたしの記録の価値は、こんにちはなはだ限られたものでしかありえないけれど、それでもこの記録が、意気消沈しているが精神的にはいっそう純粋な新しい生活をはじめうるうえに寄与することを、また、われわれになお残されているドイツ民族ならびにドイツ文化の実体を救うために、われわれになお残されている固有の力をかたむけようとする決意をつよめるうえに役だつことを、願ってやまない、と。こうしてドイツのさいきんの過去に峻厳な審判をくだす一方、ドイツ人の将来に希望の燈火《ともしび》をかかげようとした。

『自伝』（一九四三―四四年の結論）はしるす。「ゲーテとビスマルクとの遺産をわれわれのうちで調和をとってむすびあわせ、かくして精神と力とのあらたな結合をうることが、戦前における私の世代の多くの者といっしょに私が抱いた夢だった。ビスマルクとかれがわれわれに教えたこととが、しばしばわれわれの意識的な思索や努力の前景にあった。とはいえ、ゲーテの世界がそのさい自明の補足とかんがえられた。そのとき、一九一四年いらいの恐るべき体験が、この明瞭で美しい目標にいたる道を見いだすことを、ますます暗く、長く困難にした。……こんにち未曾有の脅威にさらされているドイツ精神を救うことが、私のあとに生きるひとたちへの私の熱い願いである。だからといって、ビスマルクの精神的遺産は放棄されたものとみられてはならない。ビスマルクは良き西洋にぞくした。そしてかれのなかですでにはたらいているデーモンにもかかわらず、力において程をまもるすべをしっていた。力にたいする将来の努力――それはおよそ偉大な民族には必然だったし、げんざいも今後もそうだが――は、その点でビスマルクから学ばねばなるまい。しかしわれわれを人間の至高の存在へみちびく精神の優位を、このことはゆり動かしてはならないであろう」。

旅路のはてに

戦いが終わった直後、一九四六年にマイネッケはソ連軍の占領下にあったベルリン大学に招かれ、ふたたび教壇にたつ。一九四七年にはベルリンのドイツ‐アカデミーにおいて、『ランケとブルクハルト』の講演を行い、晩年の心境を吐露《とろ》する。だが一九四八年にソ連軍がベルリンを封鎖すると、ベルリン大学（フンボルト大学と改称）の学生は、西ベルリンのダーレム地区に自由大学を開設し、マイネッケはベルリン自由大学の総長に推される。翌一九四九年にドイツ連邦共和国が成立し、親しい友であるテオドール＝ホイス（一八八四～一九六二）が初代大統領にえらばれる。フライブルクからベルリンに移っていらい住んだ、なつかしの地ダーレムにおいて、一九五四年二月六日、九一年の生涯をとじた、あたらしい共和国の発展を祈りながら。

ところで、『自伝的著作』の末尾に、一九四五～四六年にかいた『人生を慰めるもの――二篇のゲーテの詩の考察』がある。ゲーテの詩のひとつは、有名な『神性』である。この詩は、かつて旧制高校時代にわたくしがドイツ教師からならった最初の詩だ。わかいころにそらんじたものはなかなかわすれないもので、いまでも口をついてでる。おそらくこの『神性』の詩は、敗戦直後だけでなく、瞑目《めいもく》するまでマイネッケをなぐさめ、勇気づけたのではなかったろうか。最初と最後の詩句をご紹介しておこう。

人間は気高《けだか》くあれ、
情けぶかくやさしくあれ！
そのことだけが、
我らの知っている
一切のものと
人間とを区別する
…………
気高い人間よ、
情けぶかくやさしくあれ！
うまずたゆまず、
益あるもの正しきものをつくれ。
そしてかのほのかに感ぜられた
より高きもののひな型ともなれ！

（『ゲーテ詩集』高橋健二訳）

II 師、友、そして論敵

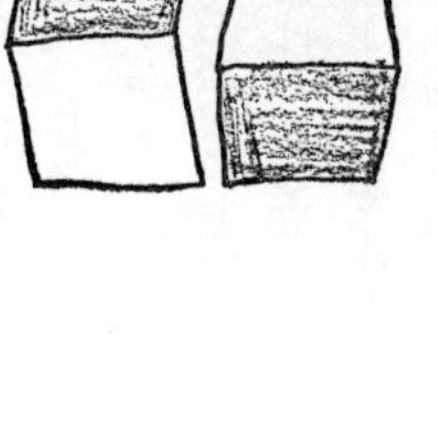

回想の師

長者の風格

およそマイネッケくらい、すぐれた師、友、弟子にめぐまれたひとは少ないだろう。青年期にはドイツ史学界の希望の星、壮年期には学界の寵児《ちょうじ》、老年期には政界にさえも知己《ちき》をえて敬慕された。抜群の実力によることはいうまでもない。が、やはり、長者の風格というか、人徳というか、そういうものがそなわっていたからではなかろうか。ステュアート＝ヒューズはこう性格描写している。「マイネッケは若くしてすでに知的均衡、すなわち歴史におけるニュアンスと両義性〔あいまいさ〕にたいするすぐれた感覚を身につけており、それはかれの歴史の主要著作に晴朗さと広い文化的視野を与えることになる。トレルチやヴェーバーのように論争的ではなかったし、またクローチェのように反対者にたいして尊大でもなかった。かれは物分りがよく、協調的であった。だが同時に、自分自身の内部においては、なかなか頑固であり、およそ地味な知的勇気をもっており、それが結局かれをして、クローチェと並び立ち、クローチェに一目《いちもく》おかせたヨーロッパでただ一人の歴史家たらしめたものなのである。そして、クローチェと同様、かれが幸運にも生き抜くことのできた暴政に対して、元老として威厳をもって対立したのであった」

（『意識と社会』生松・荒川訳）。

本章では、師友との関係からマイネッケの人と思想の一端にふれ、前章の補いにしたい。といっても、師友はかぞえきれないから、師ではもっとも感化をうけたランケ、ブルクハルト、ドロイゼン、友ではもっとも親しかったトレルチにかぎり、他は割愛する。

ランケ

未熟さと偶像破壊

一八八六年五月、マイネッケがランケの柩をになって、自宅から教会までの道を粛々《しゅくしゅく》とすすんだこと、まだそれほどはっきりとではないが、ひとりの不滅な人物の葬儀に参列していることをしっていた次第は、前にのべた。ランケは「われわれの学問の偉大な、いやそれどころか最大の師であることをやめなかった」（『ランケ批判のために』一九一三年、『一九世紀および二〇世紀のプロイセンとドイツ』所収）。世人もマイネッケをランケ史学の後継者とみなしている。それにまちがいはないのだが、マイネッケには、ランケに盲目的に追従したとは思われないふしがある。ボン大学中にはじめてランケの『プロイセン史』をよんだときの感想を『自伝』はこうしるしている。「私は、たしかにはかりしれない精神的な繊細さを感じたけれど、その繊細さは私にはしばしば色あせたものと思われた。そういう繊細さに全く没頭するには、私は総じてまだあまりにも未熟であった」。未熟さは青年につきものだ。同時にしかし、未来の可能性を蔵する。未熟なるがゆえにかえってするどく直知する。未熟さが時に偶像破壊の蛮勇《ばんゆう》をふるわせもしよう。問題は、いつ、どのようにして、そういう未熟さとおさらばするか、だ。マイネッケは何度かランケ論の筆をとるが、そのたびごとにランケの偉大さを承認する一方で、不満も増幅していく。つまりは歴史家としての成熟と時代体験がそうさせたのである。

新ランケ派の功罪

歴史学をあまりにも政治化したプロイセン派が凋落したあと、台頭したのが新ランケ派である。「ランケに返れ」とさけび、歴史の客観主義を標榜《ひょうぼう》したのである。とはいうものの、政治史的傾向をおびたことに変わりはない。一八八〇年代から今世紀はじめに活躍した、ハンス＝デルブリュック、マックス＝レンツ（一八五〇～一九三二）、エーリヒ＝マルクス、ヘルマン＝オンケンなどとともに、マイネッケもこの新ランケ派にぞくした。かれらを特徴づけてマイネッケはこういっている。「われわれは、ランケおよびランケの現今の後輩たちが広義の政治史家のグループにぞくすることを想起しなければならない。国家と国家間の権力関係がまずかれらの視野を拘束する。しかしかれらは、特定の政治的国民的傾向の欠如、あるいは少なくともこのような傾向をまったくわずかな程度にしかもたないということによって、ドロイゼン、ジーベル、トライチュケの周囲にあつまったあの政治史家のグループから、はっきりとみずからを区別する。愛国的プロイセン的な伝説の破壊が、かれらが好んでする仕事のひとつである」（『プロイセンとドイツ』所収）。にもかかわらず「かれらは新しいドイツ帝国のなかに生き活動しているが、もはや実践的に協働しようとはしない。かれらの歴史的・政治的判断は、強い意欲と高貴な情熱とによってしばしば公正さを失った従来の政治史家の判断よりもじっさいはるかに自由であり、とらわれず、また広い」。

　マイネッケは、自分がぞくする新ランケ派の長所をみとめながら、不満を感ずる。「ランケに返れ」はよい。客観的な歴史考察は疑いもなく歴史家の至上命題だ。が、歴史家はたんに純粋認識だけで満足していていいのだろうか。なるほど、プロイセン派がプロイセン中心の政治史を偏重した弊は否めない。けれども、かれらには「歴史と政治との合生」、つまり歴史学を内面において鼓舞する活力があった。そういう活力が新ランケ派には欠落しているのではないか。プロイセン派がかつてドイツ統一にいたるまでの国家・政治の基礎づけを行ったのにたいして、新ランケ派は、帝国建設後においていったい何をしたか。帝国主義の時代を歴史的に解明もしなければ、第一次大戦の敗北とかドイツ帝国の瓦解から深刻な動揺をきたした様子もない。時代体験の痕跡がみとめられないことが、マイネッケの失望をかう。『世界市民主義』の序言でのべたことばを思いだされよ。「ドイツの歴史研究は、自己の固有の本質と目的をそこなうことなしに、もっと勇敢に、哲学と政治に身をひたしてもよいのである」。新ランケ派には、そういう「哲学と政治に身をひたす」熱意にとぼしいというわけだ。したがって新ランケ派を克服しようとすれば、マイネッケはさかのぼって祖師ランケにあらためて対決しないわけにいかない。

ランケ批判

かれは書評のかたちで何度かランケを論じたことがあるが、面とむかって批判したのは、ランケの『政治問答』を論じたさいだ。「この問答は、一八三六年、かれが四一歳のベルリン大学教授として、その生命力の高潮期に書きおろしたものであるが、それは、かれが政治家・政治記者としてかつて提供したもののなかで最高のもの、最重要なものであり、いわば、ほんの短期間にかれによって耕作された副庭園のもっとも豊かな、もっとも甘美な果実であった」(『ランケの政治問答』一九二四年、『歴史的感覚と歴史の意味』所収)。なおかつ、かれはいう。「しかしながら、ランケ・ドイツ理想主義・ロマン主義の軌道に乗って比較的純粋に、直線的に連続していったあの近代思想もまた、どのような状況にも耐えていくということは不可能であった。もしわれわれが、ランケによって構想された、この上もなく生き生きとした国家の理想像を、その歴史的由来にまでさかのぼって吟味すれば、われわれはすぐさまつぎのような事実に気づく。すなわち、プロシアの国家発展の一定の段階にたいして過度の価値をあたえている、という事実である。……

同様にランケは、ドイツの国家生活における国民的理念の推進力をも、あまりにも過小評価した。このようにしてランケは、偉大な国家個体の自己法則的運動というかれ自身の天才的な発見をば、ここではけっきょくいくぶんか空論化したのである。なんといっても、かれのなかには、あの静寂主義と、そして自然成長的な美しい状態に満足した頑固さとの、かすかな性向があるのであって、この性向はかれの友人サヴィニーにとっても生まれつきのものであった。かれら両人にとっては、事象の内面から発する生成と成長をながめることは快美なことであったが、これに反して、粗大な≪行為≫の形でおこったような生成をながめることは、不快で、疑わしいことであった」。

ランケの楽天的見解

ランケはヨーロッパ諸民族をひとつの民族家庭とみ、たがいの競争でも分裂を来たさせないヨーロッパの守護霊を信頼し、歴史の静かな有機的発展を重視する。そういうランケは、『国家理性の理念』においては、いっそうしんらつな批判をうける。「かれのすべての歴史叙述を一貫している権力問題および国家理性の深淵にかんする明るいとまではいわないにしても、オプティミスティックな見解は、このように説明される。かれは諸種の権力闘争を目指して歴史のうちにつねに新たな個体的で価値に富む生を創造する起重力であるとした。ランケは『政治問答』の中で歴史過程の不可解な謎をこえるオプティミスティックなつぎの命題をたてることができたのである。≪汝は私に、真の道徳的エネルギーが勝利を占めることを論証しないような、重要な戦争を一つとしてあげることはできないであろう》。こうして、歴史の権力闘争にたいする、ランケのオプティミスティックな根本態度は、権力闘争の暗黒面をかれの目からおおいかくした」。

マイネッケのこうしたランケ批判は、歴史家としての成熟はもちろんだが、第一次大戦の体験に根ざす。後述（Ⅳの2）するように、『国家理性の理念』は、「マキアヴェリズムの歴史であり、同時にマキアヴェリズムの精神的克服の試みの歴史でもある」（編集者ヴァルター＝ホーファーの序言）。マキアヴェリズムとは倫理的な制約を無視した、むきだしの権力政治的な行動様式を意味し、イタリアのルネサンス末期にあらわれたマキアヴェリが『君主論』でのべたところだ。このことはべつの本で詳述したので（本シリーズ54『マキアヴェリ』）ご参照ねがうことにして、第一次大戦は、ひたすら国家的利益を追いもとめて政治に一片の道義性をもとりいれようとしなかった近代ヨーロッパ諸強国の、マキアヴェリズム的政策の衝突といってよかろう。したがって世界史上空前の戦争が終わったとき、深い反省がおこったのは当然であって、本書もそのあらわれだったのである。このような体験をふまえて、マイネッケはランケの楽天的な国家・政治観に釈然《しゃくぜん》とすることができなかった。

ランケとブルクハルト

ランケと対照的なのがブルクハルトだ。ブルクハルトは『イタリア・ルネサンスの文化』によってルネサンス研究の礎石をおいたスイスの文化史家である。だが、こん

ブルクハルト

にちかれが高い評価をうけるのは、『イタリア・ルネサンスの文化』の著者としてではない。ヨーロッパの人間および文化の危機に透徹《とうてつ》した見解をしめした『世界史的考察』の著者としてだ。一連の考察によってみると、一九世紀の歴史家でかれほど近代ヨーロッパの危機的状況を的確に洞見しえたものがいないことがわかる。マイネッケはブルクハルトにかねてから注意をはらっていた。『世界史的考察』が遺著として一九〇五年に刊行された折、さっそくＨＺに書評をかいた（一九〇六年）。そのなかで、ランケに賛意を表しながらも、「われわれはブルクハルトのすべての判断や見解のなかに、新鮮さや不屈さ、また机上の空論や因襲からの解放、さらにまたランケ以後のいかなるドイツの歴史家においてもわれわれが二度と出あわなかったていの大きな時代思潮にたいする自主性を感知する」とのべている。先見の明というべきであろう。

第一次大戦の体験からランケのオプティミズムに疑惑をもつにつれて、ブルクハルトが鮮烈に意識されてくる。「ランケの無条件的なオプティミズム、つまりかれが『強国論』のなかで≪ヨーロッパをつねにいっさいの一面的で無法な方向が支配するおそれからまもってくれた≫守護霊によせた信頼を、われわれはこんにちもはや抱くことはできない。歴史的世界は、ランケや歴史における理性の勝利を信じていた諸世代がみたよりもいっそう暗く、この世界の今後の経過の性格もいっそう不確かでいっそう危険な姿でわれわれの眼前に横たわっている」（『国家理性の理念』）。

一九三〇年代から四〇年代になると、ブルクハルト評価はもっとたかまる。「いまや歴史的生の運命的な性格は、今までよりもいっそう強く、われわれの前にあらわれている。ブルクハルトは、そのつつしみ深い孤独にあって、悲劇的感情の深さを味わいつくした一九世紀の歴史思想家だ。かれは二〇世紀の問題性を予見していた」（『歴史への箴言と素描』）。さらに、第二次大戦が終結していくばくもたたぬ一九四七年、ベルリンのドイツ-アカデミーでマイネッケは『ランケとブルクハルト』という講演を行った。青年時代から抱きつづけてきた「ランケ-コントラ（対）-ブルクハルト」の問題を最終的にまとめたものだ。内容に立ちいることはできないけれど、時代判断、権力と文化との関連、歴史にたいする態度の三項目について両歴史家を比較し、「われわれにとっても、またわれわれの後に歴史を研究する者にとっても、結局はブルクハルトの方がランケよりもいっそう重要なものとなるのではなかろうか。ブルクハルトは自分じしんの時代の歴史的本質を、ランケよりもいっそう深くいっそう鋭く洞察していた。したがって未来をも、ランケよりいっそう明確に、いっそう確実に予見することができた」と総括した。晩年にああまで歴史の深奥につきすすむことはできなかったかもしれない、もしブルクハルトがいなかったならば。

ドロイゼンの印象

ランケやブルクハルトとちがって、ドロイゼンからはじかに聴講したから、印象はまた格別だ。「ドロイゼンがそれを講じて最後のものとなったのは、一八八二〜八三年の冬学期の講義であって、これはかれの死にさきだつ一年半のことであった。わたくしは、若年の学生としてそれを聴講した。そしていまなおわたくしは、多くの小さな、(ドロイゼンによって)口ずからその場でのべられた諸要点を筆記したノートを保存している。当時わたくしは、シェーラー、モムゼン、トライチュケの講義をも聴いており、また早くディルタイのものをよみはじめていたが、かれらのすべてから深い印象をうけたのであった。けれども、当時すでにわたくしは、するどい眼光と精力的な容貌をもつこの小柄な老人のドロイゼンを、より古い、おそらくはより高い時代から現代へまたがってそびえ立つ、いちじるしく風変りな型の人間のように感じた。かれの文体と思想形成には、なお、大胆にとぎすまされた弁証法と、フィヒテやヘーゲルの思索的な命令者口調との片鱗《へんりん》がうかがわれた。ギリシア精神・プロシア精神・ドイツ理想主義・キリスト教的精神、すなわち一九世紀のさいしょの三分の一の時期にあんなにすばらしく相互に作用しあっていたこの四つの力が、だいたいにおいてかれの思想世界を組みたてている要素にほかならなかったといってよい。ドイツの理想主義はキリスト教的精神とは真に和合しないものだという説を、かれは憤激をもって拒否した。というのは、ドロイゼンは、自分の道徳的・宗教的理想がおびやかされていると感じたばあいには、かれの先生であったヘーゲルやかれの競争相手であったランケとはまったくちがって、激昂憤激することがありえたからである」（『ドロイゼンの史学論』一九三八年、『歴史的感覚と歴史の意味』所収）。熱弁をふるう小柄な老人の講義を食いいるようにきているひとりの大学生が、将来、二〇世紀ドイツ史学のにない手になろうなどと、ドロイゼンは予想したであろうか。

「人格のX」

マイネッケによれば、ランケ、モムゼン（一八一七〜一九〇三）、トライチュケ、ドロイゼンという名によっていいあらわされる一九世紀ドイツの偉大な歴史叙述の四つの星のうちで、ちょっと見たところドロイゼンは、一時やや弱い光をしか放たないもののようにみえたこともあった。というのは、世界史的に創造的な一時期としてのヘレニズムの発見というかれのさいしょの偉大な行為が、やがて後続して行われた研究のなかへ再度とけこんでしまったからであり、さらにまた、ブランデンブルク-プロイセン史の気ままな構成という、かれの最後の業績が、後輩たちの批判的是正によって不信をまねいたからである。だが、歴史思想家としてのドロイゼンは、プロイセン政治の歴史叙述者としてのかれよりも、いっそう偉大であり、いっそう普遍的であった。歴史の方法論および百科全書についてのかれの講義を聴講したことがある人びとは、そのことをしっていたし、また第一次世界大戦後の時代に、トレルチをはじめ、ドロイゼンがその講義に使用する目的で作成した簡潔な『史学綱要』を勉強して、いまやそのなかにかがやかしい、しかし圧縮されて理解されにくく表現されている思想のゆたかさに驚嘆した人びとは、そのことを理解しはじめた。むろん、マイネッケも、ヘレニズム時代史やプロイセン政治史の叙述者としてではなくて、歴史思想家としてのドロイゼンによって啓発されたのだ。

ドロイゼンの史学論についてかれはこういっている。「ドロイゼンがかれの歴史像を形成したのは、近代の文化と文明の全問題性があかるみにでるよりもなお以前のことであったから、たとえば、経済および経済のいとなみの発展ということについてのかれの思想は、まだいちじるしく楽天主義によって色どられていた。けれども、ドロイゼンは、新しい技術的精神と、実証主義と、そして精神的形成および精神科学にたいしてまでも自然科学的方法を適用しようとする絶対的信念とが、いかにわざわいの多い作用をおよぼすものであるかということを認識した、さいしょの人びとのひとりであった。そしてかれの史学論は、それにたいするドイツ的＝理想主義的精神のさいしょの力づよい反撃であった」。当時、イギリスの歴史家バックル（一八二一～六二）が『イギリス文明史』において、近代自然科学の方法をもっとも普遍的方法と信じ、実証主義を歴史のなかへもちこもうとしていた。これにたいしてドロイゼンは、歴史を自然と同一視する方法をあやまりとし、したがってそうした実証主義を歴史的世界に応用することはできないとかんがえた。人間の意志の自由を否定するバックルにたいしてこれを重んずることは、「人格のX《エッキス》」を尊重するドロイゼンにしてみれば、当然の帰結であったろう。マイネッケがこの「人格のX」にいかに感銘したかは、『自伝』で述懐していたとおりだ。

こうしてマイネッケは、ランケ、ブルクハルト、ドロイゼンから多くのものを継承――ただし批判的に――した。批判的、といったのは、師のことばにひたすら忠実な者がかならずしも良き弟子ではなく、師の精神をうけつぎながら乗りこえてこそ、ほんとうの弟子だからである。

或る友情

フライブルクとハイデルベルク

友情、わけても青年時代の友情というものは、なにか甘美なかんじをあたえる。ありようは、相手の美点をみとめる一方で欠点は容赦しない、そういう寛容ときびしさとの両面がともなわなければなるまい。とかくひとは、批判を誹謗《ひぼう》と、賞讃を仲間ぼめと、理解を同病あいあわれむこと、と混同しがちだ。ふたつの人格が、自己を失わずに切りむすんで火花をちらす、そうした凄愴《せいそう》なものであってはじめて、ほんとうの友情がむすばれるのではなかろうか。ただ、友情に甘美な思い出しかのこらないのは、時の経過が切ないものやきびしいものを洗いながしてしまうからだろう。マイネッケが神学者・歴史哲学者エルンスト＝トレルチとむすんだ友情は、まさにこういうようなたちのものであった。しかもかれらの交友は、第一次大戦後のドイツの緊迫した状況のもとで密になっていったのである。

前述したように、マイネッケは一九〇六年春から一九一四年秋まで、シュヴァルツヴァルト（黒い森）の入口を扼《やく》する静かな大学町にくらし、『世界市民主義と国民国家』によって歴史家としての不動の地位をきずいた。トレルチの名がはじめて『自伝』にあらわれるのは、『世界市民主義』

トレルチ

が上梓《じょうし》されて間もなくのことである。「一九〇七年のクリスマスいらい重病にかかって数か月病床にふした。やっとよくなりはじめたある日、まだ文通したことのないエルンスト＝トレルチのはがきがベッドにおかれた。拙著に心からの喜びと賛意を表していたが、これは私がそれまでにきいた声のうちでいちばん重要なものであった。年長者からも私ははげましを耳にした。ずっと後のことだが、私がもっとも尊敬していたディルタイすらもが拙著に興味をもって、長い抜萃をつくっていたのをしった。拙著の執筆中、私はマックス＝ヴェーバーと、かれの資本主義とカルヴィニズムとの関連にかんする精神史的研究のことをかんがえていた。ヴェーバーはじっさいに一度フライブルクに私をたずねてき、われわれはたいそうちがった性質と力であるにもかかわらず志を同じくするという、私の希望を確認してくれた」。じつをいうと、マイネッケがトレルチとしり合ったのは今回がはじめてではなく、シュトラスブルクの時代にさかのぼる。「トレルチはいつかシュトラスブルクにきて、われわれに、旧約聖書の預言者について一場の力強い講演をした。私は即座にその講演をHZにくれと乞うたところ、かれは笑いながらことわった。≪いや、まだ学界に提出できるような独立したしろものではありません≫。だが、われわれが交わしたことばは、私をのちにかれの死までかれとむすびつけた交友の端緒となった」。

さほどマイネッケの注意をひかなかったであろう、もしトレルチが一介の神学者・教義学者にすぎなかったならば。しかしトレルチは、『キリスト教教会および集団の社会教説』(一九一二年)や『宗教状勢、宗教哲学および倫理学』(一九一三年)に明らかなように、近代の歴史研究にもとづいて神学や宗教学を体系化しようとしたひとである。歴史意識が強烈だったという点で、当時の神学教授のなかで異彩をはなっていた。ここで見おとしてはならないのは、トレルチとヴェーバーとの関係だ。同じハイデルベルク大学の同僚であり、かれらはネッカー川右岸の古いヴェーバーの家に同居して家庭的にも親しく交わった。とすれば、ヴェーバーを介してトレルチとマイネッケとの交渉は機会がいくらでもあった。じじつ、上ライン地方の諸大学の教授たちは、たがいに交歓していたのである。だからそのころの『自伝』にも『書簡集』にもトレルチとの交友を裏づける記事がないからといって、交渉がプッツリきれていたとは思われない。フライブルクとハイデルベルクにわかれわかれに住んでいたため、ひんぱんな往来がむりだったにすぎない。このふたつの巨きな星が同じ軌道で動くのは、ベルリンにおいてだ。第一次大戦が勃発して間もなくマイネッケはベルリン大学に転じ、追っかけるようにトレルチもやってきた。

「しっかりした男がベルリンにきた」

当然、これから『自伝』にはトレルチの名が瀕出《ひんしゅつ》する。「いまやよりしっかりした男がベルリンにきた。かれはやがてわれわれと三者同盟を締結した——エルンスト＝トレルチがそのひとだ。一九一五年復活祭にハイデルベルク神学教授をやめて、ベルリン哲学部歴史哲学教授となったのだ。オットー＝ヒンツェと私の学者世代の内部において、トレルチとかれのハイデルベルクの親友マックス＝ヴェーバーとは、長いあいだ、同時代人をもっとも強く動かした、もっとも衝撃力ある、もっとも普遍的な人びとであった。トレルチはいたって活気のある人物だった。かれが遭遇した現代の現実におけるあらゆる精神的あるいは政治的な位置を処理しようとした。つまり、それを把握し批判し、いわば自己の世界像へ正しく組みいれようとしたのだ。たんなる静観にとどまってはならない、直ちに創造的建設的な文化事業へ静観をうつさねばならない、というのが口ぐせだった。——とはいえ、かれのもっとも固有な能力は、実践的領域にではなくて、新しい道をあえてすすむように人びとを奮起させることにあった」。

歴史主義の危機

ここはトレルチそのひとを語るべき場所ではないから、マイネッケとの関連をのべるにとどめる。さて、ベルリン時代におけるトレルチの業績は、ふたつの方面で注目しなければならない。ひとつは、歴史哲学研究である。HZに歴史哲学の論文を精力的に発表し、それらを厖大《ぼうだい》な『歴史哲学とその諸問題』（一九二二年）にまとめた。かれが直面したのは、いわゆる歴史主義の危機の問題だ。ベルリン大学ではディルタイがつとに近代歴史主義がもたらす「信念のアナーキー」に警告を発していた。三〇年後にマイネッケも歴史主義の問題に沈潜《ちんせん》することになる。いずれにせよ、歴史主義がふたりにとって共通関心事だったことに注意されたい。公刊されたとき、マイネッケはさっそく紹介批判の筆をとる。この紹介批判『エルンスト＝トレルチと歴史主義の問題』（一九二三年、論文集『国家と個性』および『創造する鏡』所収）は、親友のみがなしうる透徹した理解と、のちに自分が歴史主義の成立史に沈潜する体験とによって出色《しゅっしょく》の論説である。「トレルチは、近代の歴史哲学上のもろもろの立場を総括的に精神史的に分析するという、いわば一種の浄罪火をとおって、かかる価値の無政府《アナーキー》状態の地獄からのがれる道をもとめた」。それからトレルチの人間像をこうえがく。「トレルチは、われわれの時代のもっとも注目すべき、もっとも偉大な人びとのひとり、完全な意味における精神人であった。けれどもかれは、生の熱血に充溢した行為人のちょうど正反対のものという意味で精神人であったのではなく、むしろかれの知性そのものがすでに、原初的かつ野性的な、自然力的な性格をもっていたのである。かれは、歴史的生のもろもろの現象にたいして、まったく真に貪欲なくらいの受容能力をもっていた。しかしまた、かれが歴史的生のたんなる巧妙な模写をもっては満足せず、むしろ純粋静観の幸福を軽侮しつつ、精神の命ずるところにしたがって生を形成するために、ふたたび生そのものに肉薄《にくはく》したというところにこそ、かれの精神の自然力的な、また意志的なものがしめされている」。

哲学者と歴史家

トレルチとマイネッケは、ともに歴史主義の問題を思索した。だがその仕方がちがう。トレルチの努力は、歴史的思惟そのものの媒介によって歴史主義のなかにひそむ毒素を抜きとること、歴史の積極的意味にたいする、また自己の生の確実な価値にたいする確固とした信念をとりもどすことであった。ここまでは、マイネッケも同感する。が、トレルチから、歴史学と生との関係について行う論述においてあまりにも純粋静観へ引っこみすぎる、と非難されると、反発しないわけにはいかない。なぜなら、マイネッケによれば、そうするのは消極的な考えからではなくて、観察することと創造することとをきびしく原理的に分離しようとする学問的な要請からだからである。もしトレルチが欲するように、実践的な文化プログラムを樹立すべき課題を歴史学にたいして直接に課するなら、それは真理の純粋な努力をにごらす危険性のある実践的傾向の重荷を歴史学に背負わせたことになる。純粋静観じたいがすでに最高の文化価値のひとつなのである。

諸君はここに、ふたりの人間的資質のちがいや哲学者と歴史家との対照をみとめてもいいだろう。にもかかわらず、マイネッケは、トレルチがディルタイと同じように体系創出者としてよりも精神史家として、より強力に影響をおよぼすと信じて疑わない。トレルチのえらさは、たとえばヘーゲルのような、壮大な、だが強引な体系をつくるとか、ものごとに最後の断をくだすとかいうことではなくて、錯綜《さくそう》した糸だまを根気よくときほぐし、当面の情勢を分析して人びとに呈示することにあったのではないか。ことばをかえていうと、トレルチの真骨頂《しんこっちょう》は、実践的作業ではなくて知的作業において、もっともよく発揮されたのである。しかも現実へはたらきかけようとする内心の衝動をおさえることができなかった。これを不釣り合いとみるか不安定とみるかは勝手だが、そこにこそトレルチのもっとも個性的なものが横たわっていたのであって、マイネッケは炯眼《けいがん》にもそれを見ぬいたのであった。

トレルチの政治活動

ベルリン時代におけるトレルチのもうひとつの業績は、政治にかんする。『自伝』にこうしるしている。「戦争体験はトレルチを政治へもみちびいた。戦時中にあらたに創立された『一九一四年ドイツ協会』は、当時、その講演の夕べと拘束なき社交とによって、ベルリンの指導者層に、さまざまな職業、世界観、政党地位の人びとをまとめるべき、まったく唯一の、二度とふたたびこなかった機会を提供した。『一九一四年の精神』が、ここで涵養《かんよう》されるべきであった。最初の講演のひとつをトレルチが、戦争の精神的状況について熱烈に行った。私にとって、トレルチとの交際の時間は、戦時におけるいとも内容ゆたかな、いとも強いものにぞくした。われわれは国内における分解的傾向にたいする、一九一七年いらい迫りくる悪い戦争終末にたいするわれわれの態度において、たがいに元気をつけ合った。私は思いだす。かれはかつて一九一七年のグルーネヴァルト散策のさい、強い絶望のあまり倒れそうになり、私のほうが強い、とかんがえたことを。しかし私は見かけだけ強かったにすぎない。なぜというのに、私はトレルチよりも長く、われわれがともに主張していた戦争目標は達せられるものと固く信じていたのだから」。

こうした思い出から、戦時中のトレルチの政治活動がある程度推察できるが、補足するとこうなる。かれが歴史主義の問題に寝食をわすれていたあいだに、ドイツ内外の情勢は急迫していた。第一次大戦の勃発、敗北、一一月革命、ワイマール共和制の成立などである。それまで政治に無関心だったトレルチも、祖国の急に安閑《あんかん》とはしていられない。そこで大戦勃発を機にさかんに政治的発言を行い、政治活動にすらたずさわる。一九一七年秋には、右翼的な「祖国党」に対抗して「自由と祖国のための国民同盟」の幹事役をつとめて活躍する。それどころか、一一月革命をへてワイマール共和制が成立すると、ベルリン大学教授とプロイセン州文部省役人をかねて、学校教育制度や教会制度の改革に当たる。だがこういう政治活動は柄になく、なんらみるに足る成果をあげなかった。マイネッケが洞察したとおり、実践面では空振りに終わったのである。

『観察者の書簡』

そのかわり、政治思想家としては打ってかわって非凡な能力をしめした。『観察者の書簡――一九一八／二二年のドイツ革命および世界政策にかんする論説』がそれだ。彼の没後、マイネッケの序文を付して刊行された（一九二四年）ものだが、マイネッケは序文でつぎのようにのべている。「トレルチが政治に達した仕方は考察に値する。というのは、かれはがんらい政治的人間と名づけられるような人ではなかったからだ。かれは理論的宗教的な性質であった。しかし神学者としてはじめたかれは、歴史哲学者および政治家という二重の職業で終わらなければならなかった。世界戦争と革命がかれをこの新しい道へひきいれたのである。ドイツといっしょにわれわれの精神的世界も生命の危険にさらされているがゆえにドイツを救い、それからドイツの内部でわれわれの文化の偉大な生命力と、これをになう社会層を革命の瓦解にさいして救うということが、同志のささやかなグループの指導思想となった。このグループは、すでに戦争中、ハンス＝デルブリュックやトレルチのまわりにあつまり、毎週、会合したものだった。このグループから新しい民主的ドイツの政治家が多数あらわれた。われわれは民主主義者となった。それというのも、ほかのいかなる方法によっても、国民的民族共同体や、同時にわれわれの歴史の生命力ある貴族的価値は保持されないことを悟ったから。このグループの意見交換と報道から、トレルチの『観察者の書簡』の多くが由来している。かれの気力はおどろくべき仕事をなしとげた。これら数年中に『歴史主義とその諸問題』の大著ができたのである。われわれはこれらの書簡の歴史的価値を非常にたかく評価する。じっさいの重要な報告や新鮮なじしんの経験のゆたかさのためばかりではない。なかんずく、それらの書簡の連関を反映する非凡な能力をもった熟達した精神が、われわれの民族の苦しみの歴史をものがたっているからであり、しかも、精神のみならず心までが、これらの書簡から躍如《やくじょ》としているからである」。

トレルチの死

一九二三年二月一日トレルチは業なかばに五八歳で、たまたまベルリンをおそった流感におかされて没した。マイネッケは断腸《だんちょう》の思いでHZ（一九二三年）に追悼文をかく。「トレルチにおいてHZは最良の友のひとりばかりでなく、ドイツの学問と精神生活はそのもっともはつらつとした力のひとつを失った。かれは奔流のような力と感動的な気質をもった人間だった——生をよろこび、しかも無頓着《むとんちゃく》に、堅実なシュワーベン人流儀でふるまいつつ。とはいえ、かれの精神は同時に、極度に繊細微妙な構造をもっていて、もっとも内密な連関をすみやかに理解し、もっとも多様な動きと思想とをみずからのうちでひびかせ、すみやかに大きな精神的な像をそれから構成できた。途方もない読書欲をもっていたにもかかわらず、さらさら書斎の人ではなかった。するどい批判的感覚にもかかわらず批判的研究ではなかった。往々にしてきわめて抽象的な著作にもかかわらず、けっして世間ばなれした思想家ではなかった」。

トレルチの死とともに、ふたりの交友は終わりをつげる。竹馬《ちくば》の友でも生涯の友でもない。緊密な交渉をもったのは、ベルリン時代の八年間にすぎない。しかも相互の理解はいかにこまやかで、相互の影響はいかに大きかったことか。二〇数年をへてかいた『自伝』をよむひとは、トレルチにたいするマイネッケの友情に胸をうたれないではいられない。ふたりの友情がしあわせな結末をつげてほしいと思うのは人情だが、歴史は非情である。トレルチはワイマール体制が軌道にのろうとした矢先に没した。それから一〇年後に、トレルチとともに希望を託したワイマール共和制は、ヒトラーの暴力であえない最期をとげる。その断末魔《だんまつま》の苦しみをマイネッケは己が目でみる羽目になるのである。

マイネッケとヴェーバー

マイネッケに落莫《らくばく》たる思いを抱かせたのは、トレルチの死だけでなかった。それより三年前の一九二〇年六月一四日に、フライブルク時代いらいの畏友《いゆう》マックス＝ヴェーバーの死に会った。ヴェーバー夫人マリアンネの『マックス＝ヴェーバー伝』（一九二六年）が刊行されるとマイネッケはHZに書評を掲載した（一九二七年）。それをみても、痛恨のほどが察せられる。「かれは生来、情熱的な行為人であると同時に情熱的な思考と省察の人でもあり、外にむけては無愛想で暴風的だったけれど、内奥においてはユーモアにとみ、情愛深く、温和であった。ほんらい情熱的な享楽人でもあった。もてるすべての衝動を同時にしかし、溢れんばかりに流出せしめる力感をもっていたかれは、生と学問とにむかって突撃したのであった。……人びとは好んで現代を問題的とか分裂的とかいう。ヴェーバーは高度に問題的で

マックス＝ヴェーバー

あり内的緊張とパラドックスにみちてはいた。が、かれは分裂的ではなかった。われわれは現代文化がもつ亀裂《きれつ》になやんでいるが、ヴェーバーは、この亀裂のいっさいを幻想なく透視した、ごく少数の人間のひとりなのであった。現代文化がもつこの亀裂にたいして、かれは英雄的意志を対置した」と、ヴェーバーの人間像を浮きぼりにしている。

わたくしはマイネッケの友をトレルチひとりにかぎるつもりだったが、ヴェーバーを割愛するに忍びない気持にかられて一言したのだ。マイネッケの弟子であるゲルハルト＝マズールに『マックス＝ヴェーバーとフリードリヒ＝マイネッケ——政治的権力にたいするかれらの関係』というすぐれた論説があって、ふたりの共通性と相違性をくわしく論じている。いまは立ちいる余白はないけれど、マイネッケは二歳わかいヴェーバーをあたかも自分の分身のようにかんじていたのは有りそうなことである。それだけに、ヴェーバーの死は心に深い傷をあたえたにちがいない。さきにヴェーバー逝き、いままたトレルチと幽明《ゆうめい》界を異にするにいたったのだ。かれらがはたそうとしてはたしえなかった重い課題を背負いながら、マイネッケはこれからさらにつらい三〇年を生きていかなくてはならない。

論　争

八方破れのアウトサイダー

マイネッケの長い研究生活をつうじて、論争というものが意外に少ない。後述（Vの2、3）するように、中年期の『国家理性』や晩年の『歴史主義』に批判の声があがったとき、まともに受けてたった様子がない。ヒューズが「マイネッケは、トレルチやヴェーバーのように論争的ではなかった、物分りがよく、協調的であった」といったのに思い当たる。論争はややもすると敵をつくる。論争に感情は禁物だとは百も承知しながら、人間のこととて、つい感情がはいる。はいると、論争というより中傷の気配がこくなってくる。論争家は相手に敵視され、はては人格までうんぬんされるから、損である。それだけに、わかいころマイネッケがランプレヒトと交えた論争には稀少価値があろうというものだ。いったい、ランプレヒトとはどんな歴史家か。

カール＝ランプレヒトはゲッティンゲン大学とライプチヒ大学で歴史と法学を学び、一八八〇年にボンで学位をえた。マイネッケがボンで二学期をすごしたとき、ランプレヒトに経済史を学んだことはさきに一言した。一八九〇年にマールブルク、翌年ライプチヒに移り、死去するまでそこの

ランプレヒト

教授だった。かれを一躍有名にしたのは『中世ドイツの経済生活』四巻（一八八五―八六年）で、原史料にもとづく経済史として画期的だった。先刻ご承知のように、政治史を主流とするドイツ史学はいきおい経済史には関心がうすい。そんな折、三〇歳そこそこのランプレヒトが大著をひっさげて登場した。政治史家たちは意表をつかれる思いがしたことだろう。それのみか、自分らの独壇場とみなしていた政治史の領域にまで無遠慮にふみこまれたとあっては、ますます、心中たいらかでなくなった。というのは、ランプレヒトが『ドイツ史』一六巻、補遺二巻（一八九一―一九〇一年）、『最近のドイツ史』二巻（一九一二―一三年）を公刊したからだ。なによりもまず厖大な量に圧倒されたが、そこで表現された歴史観にも度肝《どぎも》をぬかれた。ランプレヒトは『中世ドイツの経済生活』で、農民の物質生活とか封建的経済組織などを分析していた。『ドイツ史』ではさらに視野をひろげ、法則的に経過するドイツ民族の歴史を叙述しようとした。そのばあい、各時代にとって物質的・社会的基礎が重大な意義をもつとされた。フランツ＝メーリング（一八四六～一九一九）のような唯物史観の歴史家はその点にランプレヒトの歴史観と方法の新しさをみた。マルキストのお墨付きをもらったことが、ランプレヒトにたいする不快感をいっそうつのらせた。よってたかってこのアウトサイダーを学界からしめだそうと企てたのも、むりはない。

もちろん、こういう敵視はいわれがない、もしも『ドイツ史』が理論と実証の両面で乗ぜられるスキがなかったら。ところが、かれは独断的で八方破れときていた。おまけに、かれはランケ史学を正面から攻撃した。歴史の政治的な面を重視する歴史叙述を、歴史生活の全体をみる文化史によって代え、この文化史に社会心理学的方法を用いようとしたのである。前にのべたように、一八九〇年代は新ランケ派がランケ復興をとなえたときだ。そういうとき、ランケに非難の矢をはなったのだから、たちまち波紋がひろがり、ここにドイツの歴史学界は「文化史論争」とよばれる空前の大論争にまきこまれた。ランプレヒトは『歴史学における新旧の傾向』（一八九六年）や『文化史の方法』（一九〇〇年）、『近代歴史学』（一九〇五年）をあらわして奮戦したものの、衆寡《しゅうか》敵せずだった。悪評をまねくような欠点があったのだから、いってみれば自業自得《じごうじとく》だったのである。

白熱した論争

ところでこの論争において重要な役割をえんじたのが、ほかでもないマイネッケだ。一八九六年、マイネッケはHZにジーベル追悼文をよせてこうのべた。「歴史学はいま、ランケへ後《うしろ》むこうとする傾向（この傾向は、数世紀のゆたかさをたっぷり楽しむけれども、歴史を美的光景のように享受し、それゆえに内的弛緩《しかん》の危険をもつ）と、強く実証主義的にかんがえる傾向（この傾向は、もちろん現今の社会問題との活気ある関連で有名ではあるが、内的明晰《めいせき》においてはジーベルの世代の業績にはるかに劣っており、歴史生活のほんとうに調和ある把握に達してはいず、その前提の一面性のために達することはたぶんむずかしいだろう）とに、分裂している」。自分への挑戦と思ったのか、ランプレヒトは『ツークンフト』誌に『歴史学の現況』をかいて反駁する（一八九六年）。これにたいしてマイネッケはＨＺで答弁する。ふたたびランプレヒトはＨＺに『歴史学の新旧傾向の相違』（一八九六年）をかいて批判する。直ちにマイネッケが応酬する（一八九六年）。三たびランプレヒトは『ツークンフト』に『現代の歴史学の諸問題』（一八九七年）をかき、マイネッケもＨＺで『答弁』（一八九七年）をかく。ご退屈さま。以上が論争のざっとした経過だが、マイネッケ－ランプレヒトの白熱した論争はげんざいマイネッケの『著作集』第七巻に収録されている。

好敵手ランプレヒト

ランプレヒトは四〇歳前後、油がのった年配だし、マイネッケは三四、五歳の少壮歴史学徒だ。どちらも自信満々として一歩もしりぞかない。八〇年たった現在からふり返えれば、どうだろうか。この歴史学のアウトサイダーにあら探しをしようと思えば、いくらでもできよう。が、政治史偏重のドイツ史学に経済史の重要性を認識させた手柄、とまではいえないにしても着眼点の新しさは、否定できないのではなかろうか。ランプレヒトはいっている。「近代の歴史学はまず第一に社会心理学的学問である。げんざい、歴史学の新旧傾向のあいだになおたえず行われている論争においては、歴史におけるもろもろの社会心理的要因の重要性をかの個人心理的要因に対立して意義づけることが、とりわけ重大な問題となっている。いささか大まかないい方をすれば、歴史的進展の原動力を社会的状態と解するか、それとも英雄と解するか、の問題である。この論争で新しい進歩的な、したがって攻撃的な見解は、もちろん社会心理的な見解である。だからこそこれを近代的とよんでもよい。これに反して個人心理的見解は古いものである」(『近代歴史学』)。こうした提言は、当時ではうけいれられなかったかもしれない。しかしいまはうけいれられる、さほど抵抗なしに。けっきょく、ランプレヒトの登場は時期が早すぎたのである。

ひるがえって、マイネッケのほうはどうか。歴史学の新しい傾向(経済史、社会史、文化史、集団主義、社会主義)をとなえるランプレヒトに対抗するためには、もはやプロイセン派の古い政治史はだめだ。かといって、血の気のうせた新ランケ派も無力だろう。そうした自覚と、ランケの真精神をつぎながら新しい政治史学を確立しようとする抱負とを要する。『世界市民主義と国民国家』こそ、そうした自覚と抱負とのさいしょの成果だったのである。してみればランプレヒトとの論争はけっして無駄ではなかったはずである。一九一五年にランプレヒトが死去したとき、マイネッケはHZ(一九一五年)に追悼文をかいた。「歴史学にたいして、われわれはかれを謬説《びゅうせつ》をのべる者として拒否しなければならなかった。しかしわれわれは、こうした人格の意義はそれでまだすんではいないことをよくしっている。雄大な、償《つぐな》いがたい個性として、われわれの時代の醱酵《はっこう》する要求のあらわれとして、かれは歴史において生きつづけるだろう。そしてわれわれは望む。かれにおいても≪はなはだしい誤謬はけっきょくのところ些細な真理よりも効果が多いものだ≫ということばがみたされんことを」。欠陥にもかかわらず、ランプレヒトをひとかどの人物とみとめ、好敵手と思っていたのではあるまいか。ここらへんに、ヒューズがいった「反対者に尊大でなかった」マイネッケの人柄がしのばれよう。

もうひとりの論敵リッター

マイネッケがめざした新しい政治史とは、後述するように、政治的理念史あるいは政治的精神史だが、マイネッケのこのような方法論を批判した者にゲルハルト＝リッター（一八八八〜一九六七）がいる。もっとも、マイネッケからの応答はなく、リッターの一方的な批判に終わったから、論争とはいえないかもしれない。

マイネッケが一九一四年にベルリン大学へ去ったあと、ハンブルク大学から気鋭の近世史教授がフライブルクに着任した。それがリッターである。じつはわたくしの恩師だ。わたくしがフライブルク大学へいったのは、リッター教授をたよってのことであった（拙著『現代ドイツの歴史学』参照）。現代ドイツ史学界にそびえるふたつの高峰は、一〇年のへだたりで同じフライブルク大学の近世史ゼミナールにぞくしたのは、奇だ。ところで、かれらの学問的傾向をかんがえると、いかに人間資質が史風に影をおとすものかがわかる。かれらにいくたの共通点が見いだせる。ともに、ドイツ正統の政治史家である。ともに多作家であって、現代ドイツの歴史家で双璧《そうへき》をなす。ともに時事問題に関心をよせ、ある程度、実際政治にも関与した。だがちがう点もある。マイネッケはランプレヒト論争のほかに論争らしいものはないけれど、リッターは根っからの論争家だ。したがって論敵が少なくない。実際政治への関与もずっと積極的であって、マイネッケがベルリン陥落を疎開先できいたのに、リッターは抵抗運動に連座して、ベルリン収容所にいれられたりした。では、リッターはマイネッケをどんなふうに批判しているか。

リッターの批判

マイネッケの『国家理性の理念』がでたさい、リッターは書評をかいた（一九二五年）。わたくしはこの書評をみることができないでいるが、べつの著書でマイネッケの方法論を批判した個所があるから、書評の趣旨はだいたい推定できる。この批判は、専門的で諸君にむずかしかろうけれど、しばらくご辛抱ねがいたい。リッターはこういうのである。「政治的なものの内的二元論は、すでにマイネッケが『国家理性の理念』の対象としていたものである。かれは国家の歴史に、政治の≪クラートス≫（権力）と称する自然面や暗黒面と、≪エートス≫（倫理）と称する理想的な明るい面との、永遠の争い

リッター

をみる。後者は≪理念≫によって、前者は≪動物的≫な低い利己主義によって、支配されている。それぞれのばあいにはるかに多彩なヴァリエーションが生ずる。これらの多くの概念と、われわれの≪権力闘争と平和秩序≫との対照のあいだに一般的な親近性があるのは、わかりきったはなしだ。しかし私は、いかなる点で私がマイネッケと対立するかを、強調したい。第一に、私の区別は、闘争的なものの道徳的貶価《へんか》とはかんがえられていない。私の確信にしたがっても、闘争的なものは自己目的となってはならない。だが他方で、平和秩序が絶対的な、あらゆる時代の限定をのぞかれた倫理的価値というふうに解されてもならない。第二に、私の区別は新カント派の概念、たとえば≪存在と当為≫、≪因果と自由≫、≪理念と現実≫とはいささかも関係がなく、≪自然と精神≫、≪精神と権力≫との対比とも関係がない。権力衝動は個人や国民にとって、平和は永続秩序にたいする要求と同じくらい≪自然≫なのである。≪精神と権力≫は、私の考えでは、真の対立をなすものではない。権力闘争はしばしば精神的な創造物を破壊するけれど、しかも、ふたたびこれをうみだす。偉大な権力が≪現実的《レアール》－精神的《ガイスティヒ》≫であることは、すでにランケが洞察したところではないか。第三に、したがって私は、≪理念≫による政治的権力闘争の≪精神化≫とか≪浄化≫についてあまりにも論じられるのを、危険、いや疑問だと思う」（『権力の倫理的問題』）。

さらにリッターはいう。「この連関において、現代の≪理念史≫一般の危機について一言しておきたい。私には、現代のドイツの歴史叙述は、権力闘争にたいする理念の実際的・政治的意義を過大評価する危険におちいっているように思われる。政治的歴史叙述は抽象的な《理念の闘争の叙述》になってはならぬ。たんなるイデオロギーによって迷わされずに具体的な権力対立にこそ、注目しなくてはならない」。一般論として《理念史》を批判しているが、リッターがマイネッケの方法を念頭においているのはたしかである。いったい、マイネッケの理念史には、ディルタイ、新カント派、トレルチなどの影響が大きい。そういう哲学的思考がマイネッケ史学を特徴づけるけれど、他面、そのために政治的現実の把握に観念的な色をこくしたことも、否めない。そうした特徴は『世界市民主義と国民国家』にもうしめされていた。『国家理性の理念』になると、いっそう明瞭になった。だからリッターの批判は、マイネッケ史学の痛いところをついたわけだ。このような批判にたいして、かれはなんら応答ないし弁解はしていない。応答すれば、ランプレヒト論争にもましてマイネッケ史学の本質を明らかにできたであろうのに。

謎につつまれた関係

マイネッケとリッターとの対決が表沙汰《ざた》になっていないとすると、書簡などにヒントがみつからないだろうかと、念のため当たってみた。というのは、書簡では、ことに親しい相手には心のたけをのべるものだからだ。ところでマイネッケの『書簡集』には、リッターあてが一通、他人あてのなかにリッターの名前が一四回でてくる。リッターあてのは、寄贈書にたいするおざなりの礼状にすぎない。他人あてのなかにも批評めいたことばはみつからない。ただ、フライブルク時代いらいの愛弟子《まなでし》ジークフリード＝ケーラーにあてたのが、注意をひく。「リッターから最新刊の『権力のデーモン』をもらいました。かれは先輩にたいして知的優越感をもっているが、この優越感はかれの持ちまえです。私にたいしていわれていることは、私はごく一部分正しいと承認します」（一九四〇年一一月七日付）。「私はあなたに慰めのために、ひとこと申しあげたい。あなたはあなたごじしんの生活で思い悩んでおられる。その理由はありません。あなたはあなたの特別な人格で影響したのですもの。あなたの講義とあなたのフライブルクの同僚（リッター）の講義を聴講したある女子学生が、私にこういいましたよ。≪フライブルクの同僚はなるほど本はかいています——しかも研究室ではほとんど会話を独占します——が、人間から人間への、また師から弟子へのより強い影響は、ケーラーからおこっている、と≫」（一九五四年三月一〇日付）。結びのことばは何やらいわくあり気だが、それ以上は黙して語らない。

　とぼしい資料から憶測《おくそく》するのは非礼だとは承知のうえで、わたくしはこう思う。ランプレヒト論争のときは、なんといっても意気軒昂《けんこう》とした年ごろだった。しかしその後、マイネッケは大家の貫録がついてきた。そうしたばあい、二六歳わかいフライブルクの後任者といい争うのは大人気ない、むしろ「敬して遠ざけるにしかず」とかんがえたのではなかろうか。ケーラーあての手紙には、少なくともトレルチのような友にたいするとはちがった冷たい気持があらわれている。他方、リッターのほうでは、史学界の大先輩にライバル意識をもやしていたと思われるふしがある。これはあくまで憶測の域をでない。フライブルク近世史学の二巨匠のほんとうの関係は、謎につつまれたままである。

競馬に対抗馬がいるように、歴史にも、宿命のライバルがしばしばあらわれて観客の血をわかせる。ローマ史のスキピオとハンニバル、カエサルとポンペイウス、中世史ではローマ教皇グレゴリウス七世とドイツ皇帝ハインリヒ四世、近世史ではハプスブルク家とブルボン家、ナポレオンとメッテルニヒ、現代史ではヒトラーとチャーチル、といったあんばいだ。彼らの対抗がなかったら、歴史の興味は半減するかもしれない。歴史の決定的瞬間において彼らのライバル関係は頂点に達し、血わき肉おどる思いをさせるのである。学問の世界では、そういう修羅場《しゅらば》はない。しかし知性の劇も劇の一種にちがいない。たとえば西洋哲学史でプラトンとアリストテレスはその後の西洋哲学の二大潮流となって現今におよんでいるではないか。マイネッケとランプレヒトやリッターとの論戦も、よくかんがえれば、そうした学問的対抗に通じていたので、そこらへんの事情がわかるようになれば、諸君の思想史理解は一段とすすむのではなかろうか。

III 政治と歴史

近代ヨーロッパ精神史の座標

二つのテーマ

IとIIでマイネッケの「人」をあらがきした。そこでいよいよ「思想」について語る段であるが、全貌《ぜんぼう》をしめすことはとうてい紙幅がゆるさない。したがって「政治」と「歴史」という二つのテーマにしぼりたい。これらこそマイネッケが一生を賭《か》けて追求したテーマであり、やや誇張していえば、そのなかに近代ヨーロッパ精神史が凝縮《ぎょうしゅく》されている。しかし前もって、政治と歴史とはどういう相関関係にあるか、この関係の究明においてマイネッケの研究がどうして画期的であったかを、しっておくことが、これからの理解に役だつだろう。

文化史と政治史

一八世紀の後半に啓蒙主義の歴史学がおこってからにわかに文化史が脚光をあびた。宗教から思想、文学や芸術、風俗や習慣にいたるまでのさまざまな文化現象なり文化形態が、歴史叙述の対象となったのである。昨今では経済史、社会史、精神史、思想史などが加わって百花繚乱《りょうらん》のありさまだ。しかし文化史がおこるまでは、歴史といえば政治史のことだった。政治史は歴史のアルファでありオメガだった。ヨーロッパの史学史をふりかえってみたまえ。科学的歴史の祖といわれるギリシアのツキュディデス（前四六〇ごろ〜前四〇〇ごろ）は、教訓的（実用的）歴史をはじめた。教訓的というのは、自己の著作が、将来、事物や人事の進歩にともなって同じように、または似たかたちでおこるかもしれないことについて、はっきりした観念をあたえるのに役だつ、とかんがえたからだ。過去の知識が現在や将来のために裨益《ひえき》するとすれば、歴史はおのずと実用的な意義をもつ。教訓的歴史が実用的歴史の別名をもつのは、そのためである。「実用的」ということばは、ローマの歴史家ポリュビオス（前二〇四〜前一二二ごろ）に由来するといわれている。自己の叙述が「諸民族・諸都市・諸侯の政治的行動」、かんたんにいえば「国事」にかんするから、そう名づけたわけである。この種の歴史には欠点がめだつ。勧善懲悪《かんぜんちょうあく》の傾向とか、浅薄な実用的目的だけを追うとか。だが、むかしの日本、中国、ヨーロッパにあって歴史が教養のたいせつな要素とされたのは、歴史にたいする好奇心のほかに、国家の興亡や民族の盛衰をわが身にてらして、現在将来に処しうる活きた学問をえることが有力な動機だったのではないか。「歴史は人生の教師」にほかならない。文化史が諸民族や諸時代の文化現象や文化形態を、いってみれば静態的にとらえるのに反して、歴史を動態において、行動的にとらえるということも、うえのことと関連するであろう。

歴史叙述の主流

　では、政治史が近世紀にいたるまで歴史叙述の主流を形づくってきたのは、なぜだろうか。要約するとこうなる。第一に、国家の興亡とか民族の盛衰は、なんといっても人間生活に広くかつ深くかかわる重大事である。諸君はいうかもしれない。考古学がしめすように、人類には数十万年の歴史があったではないか、と。しかしそういう茫漠《ぼうばく》とした歴史は、考古学や文化人類学の対象ではあっても、厳密な意味で歴史学の対象とはならない。人類のうちのあるものが民族を形成し、固有の名をもった国家を建設したとき、歴史生活が生ずる。だから国家とか民族は歴史ときわめて深いつながりをもち、とうぜん国家の興亡や民族の盛衰をとりあつかう政治史が、歴史叙述において格別に大きなスペースをしめることになる。

　第二に、これらの出来事はアクチュアルな、リアルな性質をもつ。文化史がとりあつかう宗教、思想、文学、芸術などは抽象的な面をもっていて、政治ほど人間生活にたいして具体的現実的な作用をおよぼさない。文化史は文化形態を観照的にただ羅列《られつ》していく。これに反して、具体的現実的な作用を人間生活におよぼす政治というものを考察する政治史は、いきおい現実的な傾向をおびる。前言した「実用的」をあらわす「プラグマティック」（プラーグマ）という語は、たとえば「国事」といわれたのも、すぐれて行動的実践的な意味をもっているからだ。たんに観照するのでなくて、事件の背後にある重大な要因だの動機だのを探究していこうとするのである。むろんわたくしは、政治生活がすべてだなどといいはるつもりはない。経済生活、社会生活、もとより重要である。が、政治生活が、むかしになればなるほど中心に立つことは動かせないという事実を指摘したまでだ。

第三に、経済生活、社会生活は比較的緩慢に発展する。風俗習慣にいたっては数世紀間つづくのを通例とする。これにくらべると、政治上の出来事は千変万化《せんぺんばんか》する。固定的でなくて流動的だ。たとえば偉大な君主や政治家があらわれたばあい、その影響は大衆よりもずっと大きい。革命闘士は一夜にして数百年つづいた王家をたおすことさえある。ここでは個人の活躍がいちじるしい。こうして、政治上の出来事が歴史のテーマになるのはとうぜんであろう。古来、政治史をかいた歴史家にすぐれた者が少なくないのはこのためだ。

政治と歴史の関係

政治が歴史叙述において重きをなすわけは、だいたいおわかりいただけたろうが、ここで想起するのは、ランケが一八三六年にベルリン大学正教授に就任したさいに行った、有名な『歴史と政治との類似および相違』という演説だ。ご参考までに紹介すると、ランケはこうのべている。国家の指導に当たって歴史に忠告がもとめられ、またもとめられねばならないことは、だれしも否認するまい。しかし過去の出来事の知識はただちに現在や将来に活用できるものではない。歴史は政治の改善に役だつどころか、むしろ政治によって害《そこな》われつつある。政治の改善には政治学のほうが有効なのだ。しからば歴史は政治にとって無意味であろうか。そうではない。国家の精確な認識にもとづかない政治はありえず、この認識は前の時代におこったことがら、すなわち歴史を知らずしてはありえない。この点で政治と歴史が緊密な関係をむすぶのは、明らかである。けれども、さし当たって歴史の職分は、国家の本質を前の時代の諸事象の系列から説明し理解させるのにたいし、政治の職分は、こうして獲得された理解と認識とにもとづいて国家の本質をさらに発展完成させることにある。両者はたがいに助けあっているのであって、一方は他方なしには存在しえないか、少なくとも完全ではありえない。ただ、技術的な点では両者はちがっている。歴史はあくまで文献に関係するのに、政治はもっぱら行動に関係する。一方が理論哲学なら、他方は実践哲学といえよう。ランケが古代の歴史家のなかでもっとも感化されたのはツキュディデスだが、歴史の実用的意義を評価した点で、かれはツキュディデスにしたがっているのである。いずれにしろ、政治と歴史がはなれがたくむすびつけられていることは明らかであろう。

政治と政治史家

以上は「政治と歴史」の関係である。ついでにこんどは「政治と政治史家」との関係をかんがえてみよう。マイネッケがこう論じている。「政治的歴史叙述と政治とのあいだには独特な関係がある。それは、たとえば美術史家の美術にたいする関係、文学史家の文学にたいする関係とは、ちがったものである。後者のばあい、考察する行為と創作する行為とは判然とわかれていて、たがいに対峙《たいじ》するのが普通であり、一人の人間が美術史家であると同時に美術家であるというような人格結合は、めったにないことで偶然である。これに反して、政治史家と、行動する政治家とのあいだには、数えきれないほどの移行関係がある。なるほど、政治史家にたいしても純粋学問の法則が存し、この法則がただ実際政治の諸傾向によって曇らされないばあいにだけ、政治史家は自己の使命の最高のものをなしとげることができる。しかしそれにもかかわらず、政治史家は自分がとらえたいと思っている対象とともに生きることによってのみ対象の本質が明らかになるのである。しかるに共に生きるということは共に努力することだ。このように自分の人間全体を関与させるのでなければ、行動の世界――しかもとくに政治的行動の世界を精神的に自分のものとすることはできないし、学問的形式へおさめることもできない。叙述者じしんの意欲と願望をいくらかつけ加えることなしには、いかなるすぐれた、意義ある政治史もいまだかつてかかれたことはない」(『ランケの政治問答』)。

　いわれてみれば、ツキュディデスが『戦史』をかきえたのは、科学的歴史をめざしながらも、みずからペロポネソス戦争やその結果おこったギリシアーポリスの衰退を体験したからにほかならない。かように、一方には自我を消しさってあくまで客観的であろうとする要求と、他方には生へ食いこもうとする要求とがある。政治史家はつねにこのような二つの要求にかりたてられる。時には両者のはざまで苦しむ。マイネッケはそういうことを注意しているのであって、文化と文化史家との関係にはみられない事態といわなくてはならない。

トライチュケ

プロイセン派と新ランケ派

こうした「政治と歴史」の関係を一九世紀の歴史家についてみると、早いはなしが例の「政治と歴史との合生」だ。すでにしったことだが、ランケの政治観は自由主義や国民主義といった当時の政治運動とけっして無縁ではなかった。そうはいうものの、かれの政治的保守性とか純粋観客的な態度は、政治と歴史との合生にある限界をおかずにはいなかった。そこでこうした師にあきたらぬ者がでてきた。プロイセン派である。かれらは当面の課題である国民自由主義運動に歴史的根拠をあたえようとつとめ、国民自由主義運動は逆にかれらに活気を吹きこんだ。両者のバランスがとれ、それぞれの領分をまもりながらも助けあうかぎり、「政治と歴史との合生」は健全なすがたを呈するであろう。だがバランスがやぶれたら、どうなるか。プロイセン派のしんがりをうけたまわったトライチュケなどになると、権力に迎合して、はては歴史学の自主性を失うにいたったではないか。反対のばあいは、プロイセン派のあとにおこった新ランケ派だ。かれらは専門科学としての政治史学を確立することに成功した一方、実際政治に関与しようとするパトスを喪失し、たんなる書斎学者になってしまった。さてこそ、ランプレヒトのようなアウトサイダーは学界のマンネリズムに反発したのだ。健全なすがたにおける「政治と歴史との合生」は、いうに易く、行うに難い。この至難なわざに敢然《かんぜん》とたちむかったのが誰あろう、マイネッケであって、そこからかれの政治史学の方向がさだまる。

新しい政治史学

マイネッケは一九一六年、すなわち第一次大戦のさなかに『ドイツ歴史学と現代の要求』（『一九世紀および二〇世紀におけるプロイセンとドイツ』所収）という論文をかいた。要旨はこうである。さいきん、現今のドイツ史学にたいし、われわれの時代の内的生活にほとんど関与せず、したがってまたほとんど提供するところがない、という非難がなされた。じっさい、こんにち、現代の歴史学とわれわれの公共・精神生活のある強い潮流とのあいだには何か裂け目がある。それらの潮流のうちにおこっている要求を、われわれ歴史家はみたすことができないでいる。材料や量の方面については、戦前も戦中も、怠惰のそしりをうける筋合いはない。歴史学の文献や雑誌をみれば一目瞭然《いちもくりょうぜん》である。だが、歴史家が過去と現在とを媒介する仕方が、現代人の倦怠《けんたい》をよぶ。最近世史の多くの研究も現代人の気にくわない。それらはあまりにも煩瑣《はんさ》で無味乾燥でギルド的で、どっしりした情熱や偉大な指導思想や強烈な意欲によってつらぬかれていない。それらに時代の内的鼓動をもとめようとしても、もとめられない。歴史研究の水準はたかまり、精緻《せいち》となったにもかかわらず、ランケ、ブルクハルト、トライチュケの時代にくらべて、頂点がさがったかんじがする。

大戦中の緊張がマイネッケの気持を異常にたかぶらせたのかもしれない。じっさい、これはいささか八つあたりめいたことばなのである。それにしても、ドイツ歴史学の現状はひとをいらだたせるものがあったのは疑えない。新ランケ派いらい、歴史学は専門化した。学問は専門化することによってのみ深くなるのだから、そのことじたいに問題はない。問題は、歴史家が重箱のすみをほじくることで自己満足していること、「歴史のための歴史」になることだ。極端な言い草になるが、たとえ世の中がどうなろうと、安穏《あんのん》に研究がつづけられればいい。そういう調子が、マイネッケにはどうしても我慢がならないのである。とすれば、新ランケ派いらいの実証的研究とか学問の独立性を十分にふまえつつ、しかもそれらにいきいきとした生命をあたえること以外に、現状を打破する道がないではないか。もうランケにおけるような静寂主義、政治的無関心、とはいわないまでも消極的態度をとるわけにいかない。といって、トライチュケにおけるように、積極的すぎて歴史が政治に隷属するしまつになってもいけない。こうして、自我を没却するまでの客観的歴史研究と、時代体験にもとづく歴史の主体的把握をどのようにむすびつけるか——が、マイネッケに課された課題だった。この解決のために創出したのが、新しい政治史学の方法、すなわち精神史と政治史との結合（理念史的政治史）である。

なにぶんにも前例がないので、このような仕事をはたすことは容易ではなかった。マイネッケほどの歴史家をもってしても、欠陥をまぬがれなかったのである。たとえば、「ドイツの歴史研究は、もっと勇敢に哲学と政治に身をひたしてもよい」というばあいの哲学にかんして、クローチェの弟子である、イタリアの歴史哲学者カルロ＝アントーニ（一八九六～一九五九）は、つぎのように評する。「ドイツの他の政治史家の誰とも異って、マイネッケは政治史における哲学的思想の決定的な重要性を認めた。巧妙きわまりないやりかたで、彼はこの生命の核心を行動そのものの中において明らかにすることを心得ており、金細工人のような細心さで、それぞれの思想家にその役割を振り当てた。けれども、彼が歴史の衣を脱いで哲学者の衣を着るやいなや、また解釈の巧妙さに証明の厳密さをつけ加えねばならぬようになるやいなや、観点のこの同じ豊かさ、心理的感情移入のこの同じ能力は、一つの弱点と化する」（『歴史主義から社会学へ』讃井鉄男訳）。いかにもクローチェの徒らしい言いぶんだ。だが、ないものねだりの気味がなくもない。なぜなら、よし欠点はあるにせよ、精神史的（理念史的）政治史によってこそ、マイネッケは古いタイプの政治史を止揚したわけであり、そこにマイネッケ政治史学の画期性が存するからである。画期性は、従来の物語的歴史にたいする問題史的歴史の提唱にもあらわれている。

物語史から問題史へ

一九五一年一〇月一日、「フリードリヒ＝マイネッケ研究所」と改称された、ベルリン自由大学歴史ゼミナールにおいて、マイネッケはさいごの公開講演『歴史と政治』を行った（『著作集』第八巻所収）。研究の決算書とも、ドイツ歴史学への遺言状ともいえようか。そのなかにつぎのような注目すべき発言がみえる。一八九〇年代の中ごろのことだ。HZの論文についてジーベルと話していたとき、ジーベルがかれにむかって「君たち若いひとは、分析したり批判したり研究することはできるけれど、ひとつだけできないことがある。物語る、ということだ」といった。マイネッケは思案する。たしかに、ジーベルの物語る技巧の比類ない優雅さは、二度と達せられないていのものだろう。だがこのことは同時に得と失を意味する。つまり、本質観照の深化と繊細化とがえられたかわり、ある時代、ある民族の全経過のつよい印象は失われた。物語的歴史から問題史的歴史学への転回は世紀の変わり目におこったものであって、ここではとくにマックス＝ヴェーバーの名があげられなくてはならない。ところで問題史への転回の背後には時代の大きな変化があり、すでに第一次大戦以前からはじまっていて、これにつづく破局によってつよめられた。動揺の時代は充実の時代とはちがったふうに歴史家に作用するものだ。

　対立はすでに西洋の歴史叙述の開始のさい、すなわちヘロドトス（前四八四ごろ～前四二五ごろ）やツキュディデスのときにはじまっている。そしていまや一九世紀において！　復古時代の平穏な静《せい》謐《ひつ》によって形づくられたランケの歴史的な考え方と、きたるべき破局の予感によって形づくられたブルクハルトの歴史的な考え方と。一九一八年と一九年の動揺の時代とワイマール時代はけっして偉大な時代ではなかった。失敗した応急処置の時代であった。そこで私は問う。いったい、ひとは現代を偉大な時代とよぶことができるのだろうか。私はあえてそうだという。なぜならば、こんにちたいせつなことは、人類の最高の最神聖な価値、すなわち自由、名誉、正義、人間の尊厳だから。ひとはこんにち、ウルリヒ＝フォン＝フッテン（一四八八～一五二三、ドイツのヒューマニスト）のように、≪生きることはたのしい≫ということはできない。こんにち生きることはおそろしい重荷だ。けれども、こんにち生きて人間の最高の価値のためにたたかうことも価値あることだ。晩年にいたって私が満足の念をもってうけとることができるよろこばしい徴候が存する。……私はゲーテのことばでむすびたい。≪永遠なるものがあらゆる瞬間に現前するとせば、われらは過ぎゆく時を悲しむまじ≫。

　マイネッケがいった「物語史から問題史への転回」をもう少し補足すれば、こうならないだろうか。かれの三主要著作はすべて問題史あるいは理念史であって、それまでの政治史家たちの物語的歴史と一線をもって画されている。かれの考えでは、いかなる時代も特別の課題をになっていて、げんざいでは歴史の領域においては問題史がそれである。とはいえ、将来は物語的歴史と問題史的歴史との総合こそが要求される。直観的に物語る歴史叙述と、問題意識にもとづく歴史叙述との総合が。してみれば、マイネッケは、じしんは問題史（理念史）に傾斜していたけれど、ランケやジーベルなどの物語的歴史叙述の価値を十分にみとめていた。じしんの理念史にもなるべく叙述の直観性をあたえようとした。ただ、どちらをとるかとなると、現代の歴史叙述は問題史的のほうを主眼とすべきだと思った。要するに、こうした問題史的理念史的な政治史が、かれを群小の政治史家からきわだたせるもっとも大きな特徴だったのである。こうして「政治と歴史」はひとつの新しい結合へたかめられる。

危機の歴史学

ところで、このような物語的歴史から問題史的歴史への転換は、歴史学内部でおこったにすぎないのであろうか。そうではない。このような自覚を生じたのは歴史的転換のせいである。そもそも問題意識というものをめざめさせるのは、現代の歴史的転換なのである。過去の歴史をひもといてみたまえ。転換期がなんべんもくり返されたことがわかる。西洋の歴史から周知の例を二、三あげると、たとえば紀元前五世紀末におけるペロポネソス戦争でギリシアのポリス的国家は命脈をたたれ、古典文明はみるみる衰えていった。紀元後四世紀なかばから吹きすさんだ民族大移動のあらしは、古代から中世への転機となった。ルネサンスや宗教改革は中世から近代への転換となる。くだって一八世紀末のフランス革命は貴族社会からブルジョア社会への転換に重大な関係をもつ。むろん、スケールのちがいはあれ、中国や日本にもこういう例は見いだすことができる。しかし現代は、かつて世界史が遭遇した転換とは同日の談《だん》でないくらい、深刻な様相を呈しているではないか。

転換期はおおむね危機である。それまで通用した政治体制がくずれ、宗教教義は疑わしくなり、文化伝統が断絶した結果、名状しがたい混乱におちいった。いきおい、転換期の歴史学は危機の歴史学としての特徴をおびる。と同時に、そうした混乱を克服するためになんらかのヴィジョンをえがく。転換期が時期を画する歴史書をうんだのは、そのためである。

ツキュディデスは『ペロポネソス戦争史』で科学的歴史の祖となった。民族大移動のさいちゅうにアウグスティヌス（三五四～四三〇）は『神の国』をあらわした。啓蒙主義者コンドルセ（一七四三～九四）は『人間精神進歩の歴史』においてきたるべきフランス革命に理論的武器をあたえた。かれらは厳密な意味での歴史家ではなかったけれども、転換期をするどくとらえ、古い時代の病弊をついて新しい時代を先どりした点において、軌を一にしていたのではなかろうか。

コンドルセ

転換期の歴史学とはおよそ以上のようなものだ。しかし、いまわれわれが直面している転換期にくらべたら、物の数ではあるまい。したがって歴史学もきわめて困難な状況にある。過去の転換期を説明しえた歴史の原理とか物さしがもはや用をなさなくなったのだから。ツキュディデスが偉大だからといって、かれの歴史観で間にあうとは、だれも思うまい。コンドルセの進歩の楽天主義を信じるには局面はあまりに複雑で見とおしは暗い。むかしの例が当てはまらないのは当然だとして、近いところ、一九世紀の歴史学で十分だろうか。十分でないことはすでに縷述《るじゅつ》したところだ。一九世紀の歴史学はもう役にたたない。それというのも、現代の歴史は一九世紀の歴史と質的・構造的に変わってしまったし、転換は単一な原因でおこったのではなくて、政治・経済・社会・科学・思想がもつれて巨大な糸だまをつくり、どこからときほぐせばいいのか、わからないからである。部分的な判断なり目安はつくかしれないが、全容をみきわめることは至ってむずかしい。

　そうだとすると、みたところ歴史学内部のことがらにすぎないように思われる、物語的歴史から問題史的歴史への転換は、じつは現代の歴史的転換がたまたま歴史学の分野であらわれたものにほかならない。マイネッケはそうした現代の歴史的転換を土台にして、かれなりの解答を提示しようとしたわけである。歴史の転換期はしばしば危機だ。そのとき、人びとの危機意識は尖鋭化し、批判精神が躍動する。「ヨーロッパ文明とは何か」が問われるのは、ヨーロッパ文明が危機にひんしたからであろう。第一次・第二次大戦の結果、戦敗国はもとより、戦勝国も気息奄々《えんえん》とし、ヨーロッパ文明の保持か破滅かの岐路に立った。マイネッケの学問的業績はそうした時代的体験なしには生じなかったことを、再確認しておきたい。

　では、マイネッケが樹立した新しい政治史学の方法はどういうものであったか、それは研究にいかに適用されたのであろうか。以下においてわたくしは、『世界市民主義と国民国家』（Ⅳの1）と『近代史における国家理性の理念』（Ⅳの2）のばあいについて検討しよう。だが政治史と並行して近代歴史観の問題がつねにかれの脳裡をはなれなかった。むろん二つの問題はべつのものではなくて、たがいに密接な関連をもっている。それで青年期の「ランプレヒト論争」（Vの1）、中年期の史学思想（Vの2）をへて、晩年の『歴史主義の成立』（Vの3）において、かれが近代歴史観をいかに把握したかを検討しよう。

本章に「近代ヨーロッパ精神史の座標」というサブタイトルをつけた。どなたもご存知のように、「座標」というのはがんらい幾何学の用語である。幾何学の点・線などの要素の地位を、他の定まった基準要素にかんして完全に唯《ただ》一通りにきめる数値の組をその要素の座標と称する。むろん、歴史の出来事では、座標は幾何学のように正確完全な基準要素でありえないのは、わかりきったはなしだ。ただ、大まかにみて、「政治」と「歴史」、しかも両者の相関関係が、近代ヨーロッパ精神史の座標をしめすとはいえよう。マイネッケが現代歴史学においてそうした座標軸を確定した功績は争えない。

Ⅳ　政治の基礎づけ

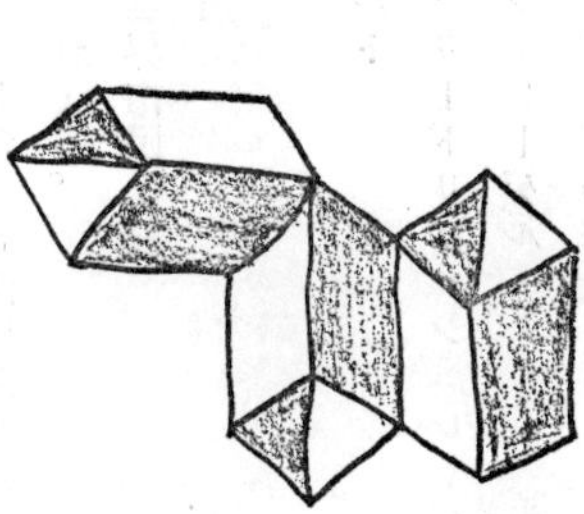

国民国家

論調の変化

『世界市民主義と国民国家――ドイツ国民国家発生の研究』は、高度な専門書であって、批判めいたことはわたくしの能力をこえている。わたくしが理解したかぎりでの問題点を呈示するのが精いっぱいである。まず目次をごらんにいれよう。

第一部　ドイツ国民国家思想の発展における国民、国家および世界市民主義
第一章　国民、国家および世界市民主義についての一般的考察
第二章　七年戦争以後の国民および国家
第三章　一八世紀九〇年代のヴィルヘルム＝フォン＝フンボルト
第四章　ノヴァーリスおよび初期ロマン主義の年代におけるフリードリヒ＝シュレーゲル
第五章　政治的ロマン主義に移行しつつあるフリードリヒ＝シュレーゲル
第六章　一八〇六―一八一三年代におけるフィヒテとドイツ国民国家の理念
第七章　一八〇八―一八一三年代におけるアダム＝ミュラー
第八章　一八一二―一八一五年代のシュタイン、グナイゼナウおよびヴィルヘルム＝フォン

＝フンボルト

第九章　王政復古時代への移行、世論のいちべつ

第一〇章　ハラーとフリードリヒ＝ヴィルヘルム四世のサークル

第一一章　ヘーゲル

第一二章　ランケとビスマルク

第二部　プロイセン国民国家とドイツ国民国家

第一章　プロイセン－ドイツ問題の発端、モーザーからフリードリヒ＝フォン＝ガーゲルンへ

第二章　一八四八年三月から九月までのプロイセン－ドイツ問題

第三章　ハインリヒ＝フォン＝ガーゲルンのプロイセン獲得の努力

第四章　一八四八年一二月五日のプロイセン憲法の欽定

第五章　欽定憲法から皇帝選挙まで

第六章　ハインリヒ＝フォン＝ガーゲルンからビスマルクへ

第七章　プロイセン－ドイツ問題のその後の発展

目次に目をとおしただけで、第一部と第二部とで論調がちがうのにお気づきだろうか。「ドイツ国民国家発生の研究」とあるからには、実証精神につらぬかれていること、言をまたない。が、第

一部は哲学者・思想家・歴史家・政治家をとおして発展をたどる点でより理念史的だ。第二部は具体的に史実を追う点でより実証的だ。理念と史実は補足しあうけれども、マイネッケ史学の特色が理念史にあるとすれば、当面やはり第一部のほうが重要である。このことを手っとりばやくしるために、第一部第一章の「一般的考察」をみてみよう。

二元論と思想史

たとえば、一般と個別との関係についていう。一段とたかい精神的共同体がどんなものであるかについてわれわれに教えるところがあるのは、一般的な経験法則ではなくて、ただ、具体的な個々の場合の研究だけである。かりに一般的な法則がここに支配するとしても、それは、われわれの経験にとっては近づきがたいものである。なるほど人びとは、ここかしこで一般的法則とはいかぬまでも一般的傾向の一片をとらえることができ、多数の国民のあいだに似かよったもろもろの特徴および発展段階をみとめることができると信じているが、いっそう厳密に吟味すれば、各国民はいずれもまったく個性的な独自な部分をもっている。「一般的な社会学が、諸国民の本質における類型的なもの、普遍的なものをできるだけ多く取り出そうとするものであるならば、本来の歴史家は、できるだけ忠実かつ精細に個々の国民の特異な点を観察しようとする衝動に、より多くかられるだろう。こうして、われわれの研究もまたこれを欲する」。だが個別的なものだけに目をむけるのではない。ランケそっくりの口調でマイネッケはいう。「とはいえ、この仕事をなしえんがためには、諸国民の存在と生成における一般的な類型および傾向について判別できるものにかんして、少なくとも総括的な概観を行うことが、必要である」。

マイネッケは文化国民と国家国民とを区別し、つぎに政治的な意味での国民国家と国民文化的な意味での国民国家とを区別し、さらに国家国民であるとともに文化国民でもあるもののなかに古い特徴をもつものと新しい特徴をもつものとを区別する。そのばあい、つねに、歴史的現実においてはこれらのさまざまの類型が相互に移行しあう。だが、もろもろの国民や国家は、純粋に自己を保存したり互いにまざりあったりする特定の諸民族の見本にすぎないのではなくて、あらゆる歴史的形成物と同じように、同時にひとつの非常に特異な性格をもっている。国民の本質も個人のそれと同じように、隣人との摩擦や交換によって形成されるのである。それゆえ、もろもろの国民および国民国家相互間の接触は、かれらの個々の発展をきわめて深く規定する。ここでもまた、一定の文化段階から、国民的傾向と普遍的傾向の作用と反作用のあの独特のすばらしい経過が生ずる。注意されたい。こうした行論にはやくもマイネッケの理念史に特有な二元論（一般と個別、文化国民と国家国民、国民的傾向と普遍的傾向といった）があらわれていることに。

みぎのような考えを「世界市民主義と国民国家」に移してみると、こうなるだろう。「普通の見解では、たしかに、わが民族においても世界主義的思考の時期が国民的・国家的理念の目ざめに先行した、ということになっている。しかし、上記の一般的見解は、世界市民主義と国民的感情とを、たがいに排除しあい、もっぱら相手を克服しようとし、またたがいに交代しあう、二つの考え方のように、対立させせている。ドイツ的教養をになう人びとによってつねに支持されているいっそう洗練された意見によれば、真のそして最上のドイツ国民感情とは、超国民的な人間性という世界主義的な理想をも含む。この意見はたしかに、いっそう真理に近づいている。しかし、こうした考え方は、従来必ずしも存在しなかった世界主義的理念と国民的理念のあいだの調和を要求し、両者の内的な対決と統一のむずかしくあいまいな経過を、見落としているのである。それゆえに、近代的なドイツ国民国家思想の発生にあたっての普遍的理想と国民的理想との真の関係をはっきり、示すことが、われわれにとって一つの主要な課題となるのである」。

二元論のほかにもう一点、理念史の特色をあげよう。個々の哲学者・思想家・歴史家・政治家をとおして発展を跡づける方法である。「政治思想の研究は、どうしても偉大な人格、独創的な思想家を離れることはできない。すなわち、政治思想をつかまえようとする場合には、まず第一に、高所の源泉ともいうべきこれらのすぐれた思想家を手がかりにすべきであって、いわゆる輿論の広い平野やその時代のとるにたらぬ政治文献などのうちに、これをもとめてはならない。しかもわれわれは、数多くの傑出した思想家のうち特に若干の人びとだけを精選し、さらにこうして選びだした人びとをも全体の政治的発展において取り扱うのではなく、かれらがドイツ国民思想の育成にたいして特殊な思想やそもそも純粋に概念的なものを、思想や概念以上のものである直接の生活や人格のうえにできるかぎり復原してみることは、たしかに必要である」として、目次にしめしたような人びとが考察されるわけだ。

ただ、こうした二元論や思想史に危惧《きぐ》の念がどうしてもおこる。そういう思想が現実から浮きあがるのではないか、という心配だ。ホーファーはこの点についていっている。「マイネッケはこの特種理念史的な方法と認識にともなう危険性を充分に自覚していた。だからかれじしんこれを《危険でなくもない道》だといったのである。かれが折にふれて強調したのは、そのような観察方法が、政治的・社会的・経済的生活の即物的かつ冷厳な必要性と強制力とを前景に押しだすところの、より現実主義的な観察方法によって補足される必要がある、ということであった。じっさい、かれじしんの研究の方向はつねに、理念をたんにより広汎な、またより普遍的な枠のなかで探究するというだけでなく、歴史のもっともなまな現実とのより密接な結びつきにおいて探究することにあったのである。それはつまり、理念を、純粋な精神性の歴史性稀薄な雰囲気のなかに見るのではなく、現実の諸力とのごく密接な関連のうちに、また歴史的生における偉大な人格とのきわめて密接な協働のうちに見ることである」(『国家理性の理念』編集者序言)。そういう慎重さにもかかわらず、理念史がともすれば現実から浮きあがる弊をマイネッケも完全にはまぬがれていなかったように思う。『世界市民主義』よりも『国家理性の理念』において、その弊がいっそう露呈されるのである。

「歴史学は学問以上のもの」

ともあれ第一部は、長らく国家的分裂にくるしんだドイツが、一八世紀末に国民意識にめざめるとともに、しだいに政治的統一へすすみ、ついにビスマルクによって国民的国家が建設されるまでの経過を理念史的にたどった。政治史と精神史とをむすびつけた理念史的考察は、着想の清新さによって世人の目をみはらせた。「歴史学はつねに学問であると同時に学問以上のものである」とは、マイネッケの終生かわらざる信念であった。この意味で第一部は、たんに精緻な研究ではなくて、かれの人間的生や体験が刻印されており、そのことが人びとに、動脈硬化とマンネリズムに堕した従来の政治史においておぼえたことがない感激をひきおこしたのである。ヘルツェフェルトはいっている。「『世界市民主義と国民国家』は、故郷と家庭との古プロイセン的な、保守的な地盤へ根ざしており、幼時ベルリンにおいてえたビスマルクの帝国建設のつよい印象や、ボン時代にはじまるプロイセン主義からの離脱や、一八九〇年いらいたかまったヴィルヘルム二世の新航路政策にたいする批判、などが反映している」(編集者序言)。

第二部の主題

第二部は、ビスマルクによるドイツ帝国建設後におけるプロイセン－ドイツの政治に密着しながら筆をすすめる。プロイセン－ドイツ史の専門家としての本領を発揮するが、それだけ理念史の特色はうすれている。第一章「プロイセン－ドイツ問題の発端」でいうように、「一八世紀の末以来国民生活の深所から高まって、国家への、特にプロイセン国家への入場許可を求めた新しい理念や要求の洪水のさなかで、ドイツにおける自主的国家人格の理念がどのように自己の権利を主張したかが、われわれの第一部の研究の趣旨であった。プロイセン国家はそれらの理念や要求の入場を全面的に妨げることはできなかったし、さりとてまた、全面的に門戸を開放することもできなかった。プロイセン国家は、みずから若返るために、すなわち新しい精神的な諸力で自己を充たすために、それらの理念や要求を必要とし、当時の苦境のなかで、これらの理念の国民的成分だけでなく普遍的成分をも利用することができたが、その際もちろん、こうした普遍的成分は自国の自主性を弱めるものであったから、時機をはずさずにそれらをふたたび除去することを、考えなければならなかった。しかし、前者すなわち国民的成分を、プロイセン国家は保持し培養してもさしつかえなかったことを、われわれは暗に示した。それらの助けをかりて、プロイセン国家はみずからを自主的なドイツ国民国家に高めることができたのである」。プロイセン国家がドイツ国民国家へたかまる経過は煩雑すぎて諸君に興味がわくまいから、省略させてもらう。ただ、このテーマにたいするマイネッケの態度について、ひとことつけ加えたい。

軌道修正

新しく成立したドイツ帝国において、既存のプロイセンの国家個性が予定されているドイツの国家個性とどう折りあうか、どちらが主導権と優位をもつか、ほんとうの意味での国民国家が出現するにはどういう条件が必要であるか——これらが第二部の主題であった。

第二版（一九一一年）、第三版（一九一七年）までは、大筋の考えは変わらなかった。第三版のあとがきで、かれはこうのべる。「この戦争（第一次大戦）は、プロイセンとドイツが深いところでたがいに解きがたくからみあっていることを強く示した。両者の精神的な財産の交換はますます緊密になるであろう。プロイセン的本質のもっともすぐれた力はすでに一般ドイツ的な力となり、広範なドイツの自由な社会的見解はプロイセン的本質のなかにもいっそう容易に浸透するようになるであろう。しかしそれとともに、プロイセンの制度から若干のよけいな圭角《けいかく》がけずり取られることが必要である。社会民主党の労働者の圧倒的多数がドイツ国民国家の地盤に立っている現在、国家と国民にとってまっ先に必要になっているのは、なんといってもプロイセン選挙権の改正である」。

だが、思いもよらぬドイツの敗戦と共和国の成立は、マイネッケに軌道修正を強いた。第七版（一九二七年）に付された『一九二一年のプロイセン‐ドイツ問題』は、一一月革命と新共和国の成立にさいしてかれをおとしいれた困惑と苦悩をありありとしめしている。「ドイツ帝国の権力は、最も強力な個別国家（プロイセン）がその背後に立っていたためにこそ、強かったのだ。こんにちわれわれは、国家権力が弱められたことをいたみ嘆いている。その弱さのさまざまな原因は、崩壊、革命および敵国の強制的命令から生じたものであるが、すでに明白であり、ここでさらに論究する必要はない。しかし最も重要な原因のあるものは、十分明確に理解されることはめずらしいのが、普通である。それは、プロイセンの意志とドイツ国の意志とがふたたび切り離された点に、二大政府がベルリンに座をしめ、相並んでまたしばしば相対して統治している点にある。ドイツ国の権力は、ビスマルク憲法のもとでは、プロイセンにたよることによってどんなに強力であったか、また、もはやプロイセンにたよることができず、逆にプロイセンを競争者とし、プロイセンと骨を折って対決しなければならないようなドイツ国権力が、どんなに弱いものであり、またますます弱くなってゆかねばならないかを、ただくりかえし了解してほしいものである」。

ドイツ国民国家の未来像

プロイセン‐ドイツ問題はドイツ統一後にも解決をみないままに、つまり、ドイツが渾然《こんぜん》一体をなさないうちに敗戦と危機をむかえたわけで、今後の成りゆきはいっそう錯綜《さくそう》するだろう。マイネッケにとって、なやみは果てなし、だ。じじつ、かれは真に強力な統一的なドイツ国権力がなおつくられていないことをなげく。このきびしい事実を、今後も考慮にいれなければならない。こんにちの状態では、大プロイセンの存在が国民的・国家的統一の要求のための障害であると同時に手段でもある、という矛盾がある。すなわち、プロイセンはもっとも強力な分立主義者であると同時に、ドイツ統一の要求のもっとも強力な擁護者でもあったという矛盾が。このような矛盾はいつとけるのだろうか。「プロイセンの意志とドイツ国の意志との耐えがたい二元論」が、げんざいでも重い苦しみとなっている。だが、かれは方策なしとはかんがえない。ビスマルクが用いたと同じ手段によって、すなわち、プロイセン有機体とドイツ国有機体のなんらかの連合によって国家権威の強化をはかることが、それだ。もっとも、プロイセンとドイツ国との連合は、ビスマルクの時代とは逆の徴候のもとで行われるだろう。当時は、プロイセンが同盟の支配的な部分であったが、こんどは、ドイツ国がそうなるであろう。以前のようなドイツ国におけるプロイセンのヘゲモニーにかわって、われわれは、プロイセンにおけるドイツ国のヘゲモニーを手にいれた。プロイセンは新しい状態においても中央集権的な作用と分立主義的な作用とを同時に放射するだろう。ドイツ国は、プロイセン全体国家のうちなお残っているものと連合することによって、大きな力の上昇を手にいれるが、しかしこの力の上昇は、もろもろの個別国家のためになるようなものである。

　マイネッケがえがいたドイツ国家の未来像はこうしたものだった。しかしドイツ国家のその後の発展はかれの予想に反した。ドイツの統一がヒトラーの第三帝国という破天荒《はてんこう》なかたちで実現されたのだから。『世界市民主義』を刊行してから二五年後に、まさかそんなことになろうとは、夢にも思わなかったであろう。当時のかれが、プロイセン－ドイツの難問をかかえながらも、楽天的な気分にひたっていたことにふしぎはない。

クラートスとエートス

前節にならって、はじめに『近代史における国家理性の理念』の目次をしめしておこう。

国家理性とは何か

序論　国家理性の本質

第一編　絶対主義生成の時期

第一章　マキアヴェリ

第二章　フランスにおける最初のマキアヴェリ反対者――ジャンティエとボーダン

第三章　ボテロとボッカリーニ

第四章　カムパネラ

第五章　イタリアおよびドイツにおける国家理念説の流布

第六章　リシュリューのフランスにおける国家利害説

一　端緒と一六二四年の『論考』

二　アンリ＝ド＝ロアン公

第七章　ガブリエル＝ノーデ

第二編　絶対主義成熟の時期

第八章　グロティウス、ホッブスおよびスピノーザ瞥見

第九章　プーフェンドルフ

第一〇章　クールティル＝ド＝サンドラ

第一一章　ルッセ

第一二章　フリードリヒ大王

第三編　近代ドイツにおけるマキアヴェリズム、理想主義および歴史主義

第一三章　ヘーゲル

第一四章　フィヒテ

第一五章　ランケ

第一六章　トライチュケ

第一七章　回顧と現代

ごらんのように本書も前書にまさる大著であって、全巻にまんべんなく目をくばることはとうていできない。序論と結論だけとりあげる。ご諒承いただきたい。さて、タイトルになっている「国家理性」とは何だろうか。かんたんな説明によると、こうである。「国家は、他の目的や理念に奉

仕するために存在するのではなく、それ自身のために存在するという考えに立つときに、国家を維持・強化してゆくのに必要とされる行動の基準をいう。中世では神の秩序が規範力を独占していたのに対抗して、近代国家が統一を実現する過程で絶対主義がつくりだした観念であり、その限りでは反道徳的・反宗教的・非合理的側面をそなえていた。絶対主義諸国が平行して以来、勢力均衡の原理となり、さらに国家間の権力政治の原理ともなった」(『岩波小辞典政治』)。あるいはマイネッケみずからの定義によれば、「国家理性とは国家行動の格率、国家の運動法則である。それは、健全な力強い国家を維持してゆくうえに政治家がなさねばならぬことを告げるものである。国家の《理性》は、自己自身とその環境とを認識し、その認識にもとづいて行動のもろもろの格率を創造する点に存する。国家活動にかんする一切の歴史的な価値判断とは、その国家の真の国家理性の秘密を発見しようとする試み以外のなにものでもない」。

この説は一六世紀半ばごろからルネサンス時代のイタリアで用いられ(「ラチオ－ディ－スタト」)、その後だんだん各国につたわった。本書が、国家理性を発見し確定したマキアヴェリ——だからマキアヴェリズムともよばれる——から筆をおこしたのはそのためだ。第三編で近代ドイツに多くのページをさいたのは、国家理性説もしくはマキアヴェリズムが一九世紀ドイツにおいて特別な発展をとげたからにほかならない。

マキアヴェリ

マイネッケとマキアヴェリ　マキアヴェリとマキアヴェリズムについては拙著（本シリーズ『マキアヴェリ』）でのべたから、いまはマイネッケの考えを追っていこう。かれは一九〇五年にはじめてイタリアをおとずれ、フィレンツェのサンタークローチェ寺院においてマキアヴェリの墓碑をみてからというもの、念頭からはなれなかった。それからもゼミナールやさまざまの論著でこのフィレンツェ人の政治理論や政治哲学を省察した。そして倫理と政治との関係いかんという問題が関心の前面にでてくる。『自伝』においてのべていたように、一九一五年のベルリン科学アカデミーで研究報告を行ったさい、二つの基本テーマについて語った。「ルネサンスいらいの権力政治の本質と精神における変遷を理解すること、ならびにわれわれの近代的な歴史観の成立過程を跡づけること」がそれだ。当時、この二つの問題領域を「政治と歴史観」という一冊の本で統一するつもりであったところが、のちにきりはなし、一方からは『国家理性の理念』、他方からは『歴史主義の成立』がうまれるわけである。

ところで、『国家理性の理念』が『世界市民主義』にまさって政治的理念史の色合いがこいことは、目次をみても明らかなはずだが、序論においてかれはこうのべている。「（国家理性の理念史をかくという）この課題を、人々は以前には政治諸理論の歴史にいれて考え、こうした歴史自体を普遍史とあまり結びつきのない相継起する一連の諸学説として、キリスト教教義史のように取り扱うのがつねであった。このような生色のない平板化するやり方をもって、こんにちわれわれはもはや十分だとすることはできない。理念史はむしろ、普遍史の本質的で不可欠な一部として取り扱われねばならぬ。思索する人間が歴史的に体験した事柄からなにをつくりあげたか、またそれをどのようにして精神的に克服したか、そこからかれがどんな理念的帰結をひきだしたかを、それゆえにいわば生の基本的なものにむけられている諸精神中に、事象の精髄がうつしだされている様を叙述するのが理念史である」。こうして国家理性の理念史の第一ページをマキアヴェリがひらく。

では、マイネッケはマキアヴェリとマキアヴェリズムをいかにとらえたか。「その人とともに近代西欧における国家理性の理念史の幕がきっておとされ、その人によってかのマキアヴェリズムという名称がうまれた当の人物は、地獄の恐怖を知らないで、古代的な素朴さをもって国家理性の本質を徹底的に思考しようとの畢生《ひっせい》の事業に着手できた一異教徒であらざるをえなかった事実こそは、まことに歴史的必然だったのである。ニッコロ＝マキアヴェリは、これをなした最初の人にほかならなかった。マキアヴェリは、国家のあるまったく一定した最高目的のうちに全活動を捧げたのである。それゆえにまた、かれの政治的思惟全体も同様に国家理性による不断の思惟以外のなにものでもない」。

マキアヴェリズムは、マキアヴェリがあの悪名たかい『君主論』のなかで君主の現実的な統治術をのべたのに由来する。すなわち、権力の獲得・維持・増大のためには手段をえらばず、むしろ結果の有効性によって手段のもつ反道徳性を正当視する。ここからマキアヴェリズムは、いっさいの倫理的な制約を無視した、赤裸《せきら》裸《ら》な権力政治的な行動様式をさすようになるのである。とはいえ、マイネッケはそうした通説に全面的には賛成しない。そうではなくて、マキアヴェリの政治思想の真髄は「ヴィルトゥ」（ふつうの倫理的な意味における徳ではなく、偉大な国家建設者や指導者がそなえている活力、功名心、犠牲心、知恵など）、「フォルトゥナ」（運命）および「ネチェシタ」（必然、必要）という三つの概念とそれらの相関関係にある、とみた。こうした見解は、二〇世紀におけるマキアヴェリの正しい把握の先駆をなすものであって、マイネッケはマキアヴェリ研究家としても第一流に位するのである。

見たところ反道徳的な政治論をといたマキアヴェリは何を期待し祈願したのだろうか。みだれたイタリアを統一して、西欧諸国に対抗するに十分な実力をもつ君主があらわれることだった。しかしそうしたマキアヴェリの胸に秘めた祈りはだれからもさとられなかった。ただ表面にあらわれたマキアヴェリズムをとりあげ、しかもこれを後世の君主・政治家・政治思想家は自分に都合のいいように解釈したり、はなはだしいばあいには曲解した。表むきは「悪魔の書」と非難しておきながら、じっさいには利用し実行して国家の強大化をはかった。本書の第二章以下はこのような経過をくわしく跡づけている。編集者ヴァルター＝ホーファーがいっているように、『国家理性の理念』は、マキアヴェリズムの歴史であり、同時にマキアヴェリズムの精神的克服の試みの歴史である。この克服の試みがヨーロッパの長い対決の歴史におけるもっとも卓越した人びとに則して、述べられているのである」。

危機の史書

終章の第一七章「回顧と現代」はけだし全章の白眉《はくび》である。マイネッケは国家理性のこれまでの作用をふり返っていう。「それはつねに建設的であると同時に解体的であった。それはたんに権力をうちたてたばかりでなく、近代国家の合理的な大経営をも建設したのである。そして近代精神の創建にも一役を担当し、近代的人間の自由思想家気質・功利主義および合理化を促進したのであった。しかしすでにここにおいて、その建設的作用は倫理の絶対的な限界をうち破り人間を内面的に冷却しさることによって、解体的作用に推移していった。国家理性はいつも社会的・経済的・技術的な状態が提供する権力手段に依存していた。われわれはその点で三つの時期を区別する。第一期はおよそ一七世紀の半ばまでの絶対主義生成の時期であり、第二期はフランス革命にまでおよぶ絶対主義成熟の時期であり、第三期はビスマルクの最後をもって終わる近代国民国家生成の時期である。そのさい、権力の諸手段は一時期から他の時期へうつるにつれて漸次高まりかつ増大していった。しかしながら、これら三つの時期すべてに共通なのはおおむね農

産業革命期の紡績工場

業的な基礎である。そしてそれが、第三の時期において近代的産業主義・資本主義に高まりはじめる都市の産業経営によって補足されていた」。

　このように、第三の時期すなわち一九世紀こそ、国家理性の理念史において重大な転換をとげた時期である。国家理性にもともとひそんでいた建設的と解体的という二律背反的な性格があらわになり、ほとんど危機的な状況に達するのである。マイネッケによると、一九世紀には三つの力強い補助的な力が大国家の権力政策に貢献した。軍国主義《ミリタリズム》、国民主義《ナシヨナリズム》、資本主義《キヤピタリズム》がそれだ。これらの力は、大国家をはじめて未曽有の高さの権力や能力へみちびいたけれど、それによってさいごには、以前の時代のもっと控えめな権力手段をもってはたらく国家理性にとってはいまだ存在しなかったような願望をよびさました。権力手段の限界性が権力の肥大を制止してきたのだが、いまや権力の無限性が呪うべき運命となった。ほんらい防衛的な、強国にたいする弱小国の自衛手段だった国民皆兵の理念が、全般的な軍備競争をよびおこして政治の攻撃手段にまで高められたのが、ミリタリズムのばあいである。国民主義のばあいは、過熱して野蛮な征服欲に変わった。さいごに近代の資本主義は、巨大な物質的能力を展開し、たがいの闘争にはいっていき、ヨーロッパの全有機体を崩壊させるまで力を使いはたす。資本主義は大工業を拡張し、権力政策に新しい強力な技術的戦争手段を用だてた。これら三つの力が同時に会することによって、ヨーロッパの列強は、さいしょは権力の高みへみちびかれたけれども、ついには破滅へつれていかれた。こうして、西洋の多くの他の理念と同じように、国家理性の理念はこんにちまったく重大な危機に直面している。

マイネッケにしたがうと、以上のことは、近代の国家理性の肥大症がまねいた可能性中の最悪のものである。そうした可能性が必然的・絶対的にいつかは現実になると予言するのは、大胆にすぎるかもしれない。しかし、ランケの無条件的なオプティミズム、つまりかれが『強国論』において「ヨーロッパをつねにいっさいの一面的で無法な方向が支配するおそれからまもってくれた」守護霊によせる信頼の念を、もうこんにち抱くことができない。歴史的世界は、ランケや歴史における理性の勝利を信じていた諸世代がみたよりもいっそう暗く、この世界の今後の経過の性格もいっそう不確かでいっそう危険な姿でわれわれの眼前に横たわっている。なぜなら、歴史的世界の自然面および暗黒面は、われわれの思考やわれわれの経験にとっては一段と強力なものであることが判明したからだ。けれども、精神はそれに抗して自己を主張することをやめてはならない。こうして、われわれがなおなさねばならぬさいごのことは、国家理性の限界いかんという古い問題をふたたびとりあげ、政治と道徳との望ましい関係を、歴史研究と時代体験との協働からうまれるままの姿で表現することにほかならない。国家は普遍的な道徳律との調和をけっして完全には達しえないこと、自然必然性にせまられるがゆえにたえず罪を犯さざるをえないということがわかっていても、なおかつ国家は道徳的にならなければならないのであり、そうした調和をえようと努力しなければならない。

諸君は気がつくだろう、本書をとりまく雰囲気が前著とちがっていることに。ホーファーがいうように、『世界市民主義』は楽観的な生への期待にささえられていたのに、『国家理性』は悲劇的でしかも英雄的、不協和音にみちながらしかも自己主張の意志にあふれていたのである。また諸君は気がつくだろう、本書がまぎれもなく危機の史書であることに。わたくしは前に、歴史的転換期に画期的な歴史家や史書があらわれる、とのべた。歴史的な破局とか危機が歴史の意味や本質を省察する絶好の機会となるのだ。第一次大戦の結果おこった世界史の変動は、ツキュディデス、アウグスティヌス、コンドルセなどとは比較にならぬくらい規模が大きい。近代いらいの国家理性とかマキアヴェリズムがぎりぎりの瀬戸際にたたされたとき、その歴史と本質を回顧反省することは、マイネッケにとってやり甲斐のある仕事であるばかりでなく、どうしてもやらねばならない仕事だったのである。この意味で本書を危機の史書とよぶことに、ひとは異議をとなえないだろう。

クラートスとエートスの相剋

『国家理性の理念』を「マキアヴェリズムの歴史であり、同時にマキアヴェリズムの精神的克服の試みの歴史」といったけれど、いったいマイネッケはどのように克服しようとしたか。かれは序論において、クラートス（力）とエートス（倫理）との関係をこう論じている。「クラートスとエートスとがいっしょになって国家を建設し、歴史をつくる。しかし、この両者相互の関係は、発展の各段階、それからなかんずく政治家の行動においては、はなはだしく不分明でありまた問題的である。われわれはいま一度たずねる、政治家の行動の中へ、たんなる権力衝動すなわち支配しようとする欲望・野心がどの程度はいりこんでいるか――また権力衝動は、政治家にゆだねられた全体の福祉についての倫理的憂慮によってどの程度制御されるかを。クラートスとエートス、権力衝動による行動と道徳的責任による行動とのあいだには、国家生活の高所にひとつの橋、すなわちほかならぬ国家理性が、存する。まさしくこの橋において、人々は人間生活における存在と当為、因果関係と理想、自然と精神の並存がかくされている怖るべき、しかも深く心を動かす諸種の困難を、とりわけ明瞭にみとめうるのである」。クラートスとエートスとをつなぐ国家理性が累卵《るいらん》の危うきにおちいったからこそ、かれはこれを、いわばルーツまでさかのぼってみることによって、もう一度健全な調和をはかろうとしたわけなのである。

そういう主題をえらぶにいたった個人的な動機を、かれはつぎのように告白する。くどいようだが引用しておく。「それらの動機が拙著『世界市民主義と国民国家』中に論ぜられたものから生じたことは、両書を併せ読む人なら見のがしはしないはずである。〔第一次〕大戦の最初の数年間の由《ゆ》由《ゆ》しいかつ深刻な昂奮にかられてはいたが、なお希望にみちていた気分のなかにあって、国家統治と歴史観との関連を明らかにし、諸国家の利害にかんする理説が近代歴史主義の前段階であることを論証する計画に着手したのである。ところでやがて、ドイツ崩壊のはげしい動揺によって、国家理性の本来の中心的問題がしだいにその怖るべき姿をあらわしてきた。ここに歴史的雰囲気は一変した」。一変した雰囲気のなかで、マイネッケは渾身の力をもって本書を執筆した。クラートスとエートスとの争いの克服を終局目標にかかげながら。

以上の回顧と反省は、かれが良心的な歴史家だったことを証明してあますところがない。にもかかわらず、結局目標は達せられなかった。その後の歴史をしるわれわれからみるとき、かれの観測は希望的であり、それゆえに甘かったといわないわけにはいかない。いや、マイネッケほどの碩学《せきがく》をもってしても透視できなかったほど未来の闇はこかった、というべきであろうか。「世には神と悪魔とが一体となっている事物があまりにも多い。国家理性こそは、なによりもまずそうした事物のひとつである。国家理性は行動を事とする政治家に、汝は国家と神とを同時に心において、どうしても完全にはふるいおとされない魔神《デーモン》に圧倒されないようにしなくてはならぬと、ただそのように呼びかけることしか許されぬのではなかろうか」。マイネッケは「国家と神とを同時に心におく」ような政治家があらわれる日を期待したのであろう。悲痛な願いである。だがわれわれはしっている。ミリタリズム、国民主義、資本主義という三つの力が、ヒトラーにおいて最悪のかたちでむすびついたことを。純粋アーリア人種による第三帝国の建設を信じたこの誇大妄想家にとって、神を心の中におくような念は毛頭なかったことを。

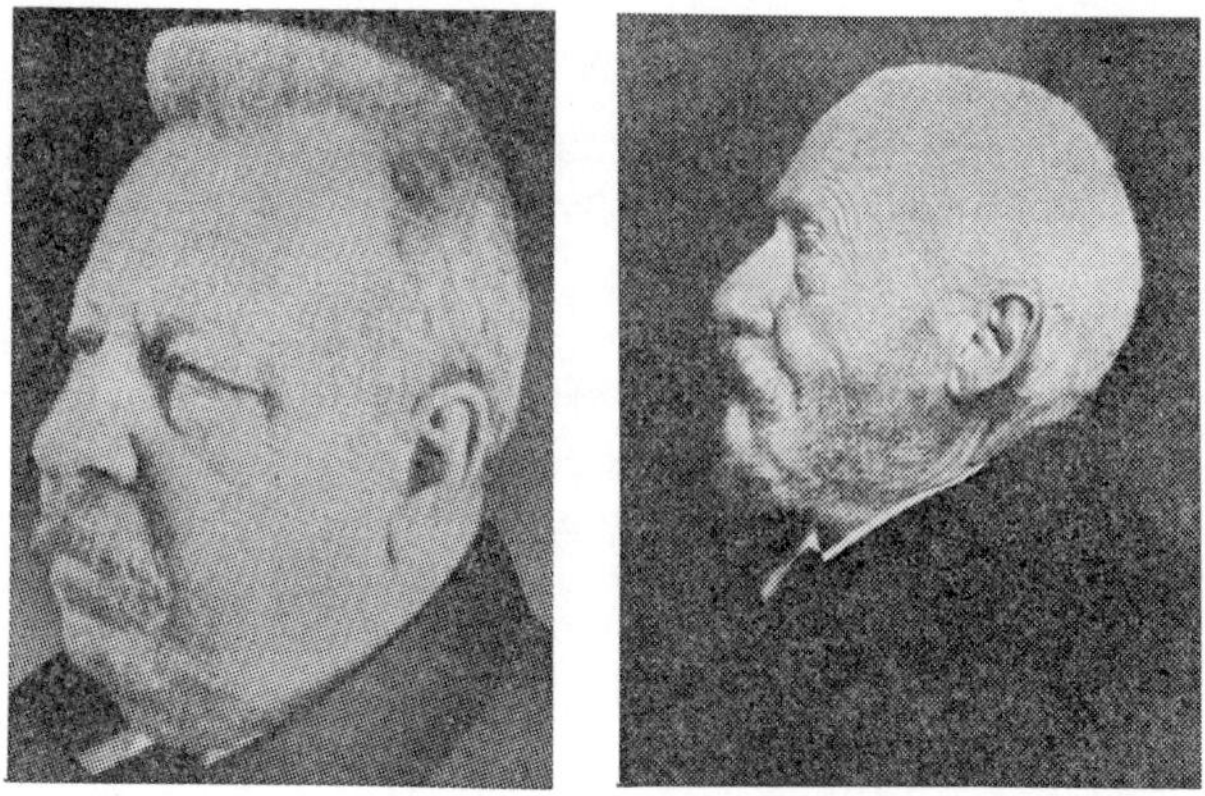

クローチェ（左）とディルタイ

批判と政治情勢の変化

さいごに、本書がどういう評価をうけたかについて一言して終わることにしょう。『世界市民主義』が公刊されたときは好評をはくした。エルンスト＝トレルチやマックス＝ヴェーバーは讃辞をおしまず、ディルタイはわざわざ抜きがきをつくるほどだった。ベネデット＝クローチェは「これは現代の哲学であり、これこそ新しい哲学と歴史記述の一時期の幕をひらいたものだ」と激賞した。これに反して『国家理性の理念』は、プロイセン＝ドイツにかぎられた前書にくらべて視野はひろく、理念史叙述の方法もいちだんと洗練されたにもかかわらず、世間の風当りはつよかった。かつては讃辞を呈したクローチェも、マイネッケのきびしいヘーゲル批判、プロイセンの軍国主義的君主制をドグマ化したヘーゲルにたいする批判をみては、ヘーゲリアンをもって自任する手前、もう賛同しなかった。法哲学者ユリウス＝ビンダーも反駁した。歴史家オットー＝ヴェストファールは「ロカルノの線――このロカルノはたんに外交的・政治的な地名としてではなく、普遍的・精神史的地名として理解される」といった。法学者カール＝シュミットは『ワイマール－ジュネーヴ－ヴェルサイユとの戦いにおける諸命題と諸概念』（一九三五年）のなかでマイネッケを批判した（カール＝シュミット『政治思想論集』服部・宮本訳）。かれらはそろってのちにナチスの御用学者となる。してみると、本書がつめたい反応しか見いださなかったのは、マイネッケの責任というよりはむしろ外部の情勢のせいである。ゲルハルト＝リッターが行ったようにマイネッケの政治史的理念史を学問的に批判するのではなくて、当時の政治情勢に動かされてのことだ。

じじつ、外部情勢は日に日に悪化しつつあった。ヴァルター＝ホーファーはいっている。「この書物が重ねた三度の版の最後が、すでに一九二九年に出されたものであったことは偶然ではない。警告者の声はその後ほどなく、三〇年代にしだいに高まっていった国家主義の吠《ほ》えわめく大衆的騒音のなかにかき消されてしまったのである。ナチスの権力者じしんもこの≪枢密顧問官的政治学者≫の不愉快な政治哲学などには、なんの価値もみとめなかった。こうして一九三三年以後、かれはだんだん政論家・教育者としての影響力を剝奪されていった」。とどのつまり、ＨＺ編集者の地位からも追放される。かくて『国家理性の理念』がたどった運命は不幸であった。本書の背景をなしたワイマール−デモクラシーがそうであったように。

ヒトラー主義の告発

『ドイツの悲劇』の目次を例によってしめす。

ナチズムの萌芽

Ⅰ　時代の二つの大波

Ⅱ　ドイツ帝国建設前後のドイツの人間性

Ⅲ　第一次世界大戦におけるドイツの人間性

Ⅳ　戦後の最初の諸経験

Ⅴ　理性人と工作人

Ⅵ　軍国主義とヒトラー主義

Ⅶ　大衆マキアヴェリズム

Ⅷ　偶然と一般的なもの

Ⅸ　ヒトラー主義の積極的な内容について

Ⅹ　ヒトラー主義とボルシェヴィズム

Ⅺ　ヒトラー主義とキリスト教

XII　ヒトラー主義と西ヨーロッパ諸国
XIII　ヒトラー主義に将来があるか
XIV　一九四四年七月二〇日の前史から
XV　復興への道

本書は、『自伝』第三部という観点からすれば、第一部『体験記』や第二部『シュトラスブルク－フライブルク－ベルリン』につづく。第二次大戦の戦中戦後の作という観点からすれば、現代史のなまなましいドキュメントである。さらにまた政治的理念史という観点からみれば、『国家理性』において扱われた以後の時代をとりあげる。それは同時に、ヒトラー主義にたいする告発でもある。告発というのはつぎのような次第だ。

マイネッケによると、一九世紀から二〇世紀に歴史の主な潮流となったのは、国民的運動と社会主義という、二つの大波であった。ヒトラー主義は両者をむすびつけようとしたが暴力的なやり方で行ったため、社会的傾向と国民的傾向とは最悪の結合をしめすにいたった。ナチスの暴力政治はどうしてあらわれたのだろうか。マイネッケはドイツの過去の歴史のなかにその萌芽をみる。ビスマルクがつくった国家機構がナチスへの道を用意したのである。権力国家的思想はドイツだけのものではなかったとはいえ、ドイツにおいて特別に強化された。マイネッケはさらに、ファシズムをうむ基盤となった大衆民主主義や大衆社会に注目し、ファシズムの社会心理的研究にするどい観察

ヒトラー暗殺未遂事件（1944年7月20日）

眼をそそいでいる。だからといって、ナチスの出現が時代の必然だったとはかんがえない。個人の英知と決断で防止することもありえた。「もしもビスマルクの慎重さと賢明な用心深さが、かれの後継者たちのヨーロッパ政治や世界政策においても用いられたならば、われわれは帝国主義時代の危険地帯をも損傷をこうむらずに通り抜け、そしておそらくまた、われわれの内部の損傷の治癒においても歩を進めることができたであろう」。つまり、ナチスが政権をとるまでには、いくたの偶然が作用したことを指摘するのである。

ところで、ヒトラー主義の最大の害悪は、人びとの良心的・自主的な行動意欲を圧殺したことにあった。ほんらい良心と思想の自由はキリスト教に由来し、ドイツと西欧との文化的交流を可能にしたものなのに、ヒトラーはキリスト教を断固として拒否した。自由主義やデモクラシー、そのほかヒトラーが憎んだすべてのものはキリスト教的性格の一部をなすものだったのであり、キリスト教の地盤のうえでのみ歴史的に発展することができた。そういうキリスト教を否定したのだ。さらにマイネッケはヒトラー主義と西ヨーロッパ諸強国との関係を論ずる。「一九四四年七月二〇日の前史から」の章など、スリルとサスペンスにとんだ一篇のストーリーだ。いわゆる抵抗運動には加わらなかったけれど、反ヒトラー派の精神的協力者だったことはいうまでもない。

プロイセン－ドイツのミリタリズム弁護　このように小冊子ながら多くの示唆にとむけれども、ここではⅥミリタリズムとヒトラー主義、Ⅶ大衆マキアヴェリズム、XV復興への道、の三章をとりあげることにしよう。

はなしはさかのぼる。第一次大戦のさいちゅうにマイネッケは『文化、権力政治、ミリタリズム』（『一九世紀および二〇世紀のドイツとプロセイン』所収）をかいて、つぎのようにいっている。「良いドイツと悪いドイツという二つのドイツがあるとされる。良いドイツとは、永遠の平和を保証したゲーテやカントのドイツをさし、この良いドイツは権力の保護なしに偉大となった。これに反して悪いドイツは、フリードリヒ大王の征服国家に根をもつ。権力が目標で、暴力や策略が手段だった。こうした二つのドイツの分裂は一八一三年のプロイセンにおいて終結しはじめたが、一八一五年の反動時代にふたたび分裂をひらいた」。かれはこうした「二つのドイツ」論をいわれなきもの

フリードリヒ大王

として、プロイセン‐ドイツのミリタリズムを弁護する。「われわれの理想は個人の自由と全体への献身とをたがいにむすびつけることである。しかるにわれわれの敵はかような結合を理解することができず、しようともしない。いったい、外国人はわが国の軍制の歴史的根底をしらない。それを一面的に、きびしい訓練と将校団の貴族的階級精神とをもったフリードリヒ＝ヴィルヘルム一世やフリードリヒ大王の古いプロイセン軍隊に帰する。ところが、プロイセン軍隊は一八〇七年以後の改革時代によって、すなわちドイツ理想主義やカント倫理学の弟子であるシャルンホルスト、グナイゼナウ、ボイエンによってたいへんに変わった。かれらは人間の価値にたいする尊敬の精神を呼吸し、軍隊における勤務を普遍的倫理的な義務たらしめ、最高の祖国愛の行為たらしめようとした掟をあたえた。われわれの精神的文化から生じたこの倫理がわが国民軍の精神的紐帯となったがために、われわれのミリタリズムはわれわれの文化の一部と化したのである」。

戦後のミリタリズム批判

ごらんのように、大戦中のマイネッケはドイツのミリタリズムを弁護する態度をとっていた。たんなる祖国愛からでなく、プロイセン－ドイツのミリタリズムの倫理的精神的伝統を信じていたからである。しかしドイツの敗北はそうした信念を動揺させた。そしていままでにないきびしい批判をくだすようになる。「フリードリヒの軍隊はいろいろ野蛮な手段で徴募され、闘争に役だつようにされた。そしてわれわれのみるかぎり、フリードリヒはかれのミリタリズムのこの野蛮をかつて熟慮の問題としたことがなく、より倫理的な、より人道的な原理をその基礎にみちびきいれようとしたことがなかった。なるほど、かれは個々の場合には兵士にたいして倫理的人道的だったかもしれないし、規則によって兵士たちの暴行を制限しようとこころみることもできた。が、軍隊じたいの機構はそのことに関係しなかった。国家の権力のこの暗い底において、かれは、その人道主義の光をもって照らしはしなかった」（『国家理性の理念』第一二章）。

『国家理性の理念』の終わりでかれはミリタリズムの不吉な将来を予言したが、その予言は的中した。不幸をもたらしたもっとも大きな原因は何か。ヒトラー主義との結託にある。いまやかれは『ドイツの悲劇』において仮借《かしゃく》することなく断罪する。「プロイセン国家の中には、フリードリヒ＝ヴィルヘルム一世およびフリードリヒ大王以来、文化に適する精神と文化に反する精神の二つが生きていた。フリードリヒ＝ヴィルヘルム一世の創ったようなプロイセン軍隊は、忽ち非常に厳しいミリタリズムを生み出したが、それは市民生活全体に影響を及ぼし、またいかなる隣国にも、それと同じようなものは見られなかった。こうして文化に反する精神と適する精神との間の分裂は、一九世紀を通じて現れ、さらに二〇世紀に伝わり、――ついに、アドルフ＝ヒトラーが自分に役だつドイツ的発展の実質と精髄のすべてを集めた混合鍋の中で、プロイセン-ミリタリズムもまた、自分のためにひとつの広い場所を獲得したのであった」。何度もいうようだが、時代体験がいかに歴史の把握を変えるにいたるかの見本であろう。

ミリタリズムはひとつのケースにすぎない。近代ドイツ史全体を洗い直さねばならない。「われわれがいま引き受けなくてはならないミリタリズム的過去との訣別は、われわれの歴史的伝統一般は一体どうなるのだろうか、という問いの前にわれわれをつれていく。それをひっくるめて火中に投じ、変節者の風を装うことは、不可能であり、自殺的行為であるだろう。しかしわれわれがそれとともに大きくなった伝来の歴史像は、われわれの歴史の価値と無価値をたがいにはっきりと区別するために、いまやたしかにひとつの根本的な改訂を必要とする」。この仕事に着手するには、マイネッケはあまりにも年老いていた。

大衆マキアヴェリズムの台頭

マイネッケは大衆マキアヴェリズムについてこう論じている。「国家理性とマキアヴェリズムは、時間をこえた、普遍人間的な現象である。しかしそれらは、特定の局面と、それにかかりやすい素質をもっている特定の諸民族のなかでは、濃くなり、とつぜん力強く伸びるものである。ところで、こんにちの局面および諸民族の状況と、イタリアールネサンス以後の《旧体制》とのあいだの相違は、そのころは《国家理性》やマキアヴェリズムは、ある民族生活の中心部にあって、政治的に思考し行動する人々の小さな社会の、多かれ少なかれ注意深く守られた《秘密》をなしており、一般の民衆はその道徳的な教えを教会からうけとってはいたが、その他の点では素朴にかつ無反省に、日々の窮乏と困難のうちにうかうかと暮らしていた、という点にあった。これが、《旧体制》の完全に貴族的な性格であった。そのあいだに、大衆の時代、自覚的になった諸民族の時代があらわれはじめていた。最近一世紀半の動的な基本的事実である驚くべき人口増加が、ここでまた光を浴びるのであるが、この人口増加こそ、その圧迫によって、まったく新しい歴史的現象を生みだしているのである。政治はもはや少数者のものではなくなり、下からどんどん押し進んでくる諸階級が、いまや政治を行おうとしたのだ」。

　こうしてマキアヴェリズムは、従来の貴族的な問題から市民的な問題になり、ついには大衆マキアヴェリズムに変わった。帝国主義時代にすでにそうなっていた。ヒトラー的人間性のなかのマキアヴェリズム的・無道徳的な要素は、ヒトラー的人間性だけにかぎられていたわけではなく、西洋が、没落にせよ変形にせよ、とにかく新しい生活形態に移っていく巨大な過程にみられる、一般的な酵素のひとつでもあったのである。だが、それはわれわれのための弁明であることはゆるされない。なるほどわれわれは唯一の大衆マキアヴェリズムを生みだしたのではないが、世界にとってお

ビスマルク

そらくもっとも危険な大衆マキアヴェリズムをヒトラー的人間性のかたちで生みだしたのだ、という敵方の非難には、なにか正しいものがある。大衆マキアヴェリズムへの道はドイツにおいて一段と広くなったのだ。ビスマルクの後継者たちには、かれの慎重さや用心深さがなく、あげくの果てに大衆マキアヴェリズムとヒトラー主義とがむすびつくことによって、ドイツを破局におとしいれた。そうマイネッケは診断する。

「ゲーテ会のすすめ」

ヒトラー主義を告発するだけがしかし、たいせつなのではない。もっともたいせつなのは、敗戦後のドイツをいかにして復興するか、の方策をさぐることだ。終章「復興への道」は、ドイツ民族にたいする遺言状とみていい。「こんにちわれわれに与えられているような、国民政治的な独立を奪われて細分化されているドイツでも、そのかつて享受した統一と権力を、誇りたかい悲哀をもって思いだすことはゆるされる。統一と権力にたいするドイツのかつての努力は、ブルクハルトがその『世界史的考察』のなかで注意しているような、文化になんの意味もみとめない盲目的な集団運動にすぎなかったのではない。むしろそれは、ブルクハルトが完全には理解しえなかったことであるが、以前には精神と権力の、人間性と国民性の内的連合というあの偉大な理念にささえられており、偉大な文化価値は、われわれのところではそこから生じたのである。われわれはあらためてこの連合をめざしてふたたび努力すべきであろうか、という問いが、いまや生ずるのである。世界的強国になろうとすることは、われわれにとってまちがった偶像であることが、明らかになった」。

そこでかれは、スウェーデンやオランダのように、一時は強国であったが今日は強国の野心をすてて文化や内面的活発さで貢献している国々を将来のドイツの手本とすべきだ、とかんがえる。さらにかれは、ドイツの内面化が出発しなければならぬ第一の領域としてキリスト教——一〇〇〇年のあいだに西洋諸民族の共同体地盤のうえに成長したキリスト教の精神と、もうひとつの領域としてドイツの精神文化とをあげる。ビスマルク時代の成果は、われわれの自業自得でうちくだかれてしまったのだから、その廃墟をこえて、ゲーテ時代への帰路をさがしもとめなければならない。

ゲーテ

マイネッケはこうむすぶ。「このことは、現在の悲劇的状況にあるわれわれにとって、一つの高い慰めではないだろうか。われわれは、ふたたび西洋的文化共同体の一員として活動をはじめるためには、なんら根本的な再教育を必要としない。徹底的に消滅しなければならないのは、非文化とえせ文化を伴ったナチスの誇大妄想だけである。しかし、それにとってかわるべきものは、青ざめた、内容の乏しい、抽象化された世界市民主義ではなくて、もっとも個性的なドイツの精神的成果によってかつていっしょに形づくられ、将来もさらに形づくられるべき世界市民主義である。ドイツの精神は、われわれに帰ったのちに、西洋的共同体の内部で、まず自己の特殊なかえがたい使命をはたさねばならないのである。われわれはこのように期待しかつ信じてもよいだろう」。こうしてマイネッケは、各地に「ゲーテ会」が設立されることを願う。ゲーテはドイツ国民文学の最高の文学者であったと同時に、世界文学の提唱者かつ実現者であったことを想起すべきである。かれの長い政治史研究がたどりついた終着点が「ゲーテ会」のすすめであったことは深い感動をあたえる。

V 歴史の基礎づけ

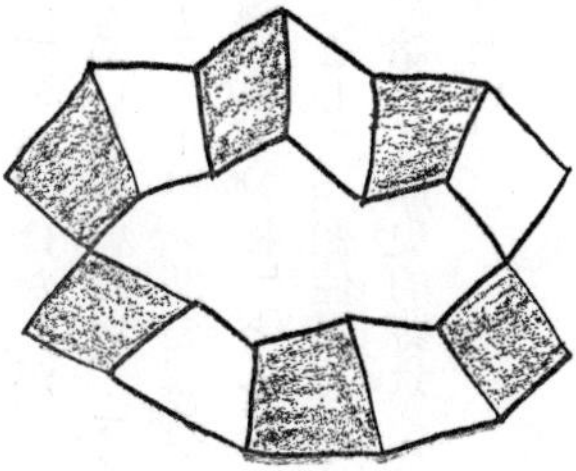

「個と普遍」・「自由と必然」

ホーファーの区分

前章では、マイネッケがとなえた政治的理念史を著作にてらしつつ、あらましのべた。本章では、歴史思想をとり扱うことにするが、はなしがどうしても抽象的になる。まあ、「乗りかかった舟」、むこう岸につくまでおつきあいねがいたい。マイネッケの歴史思想を扱うに当たって、わたくしはいちおうヴァルター＝ホーファーが『歴史叙述と世界観――フリードリヒ＝マイネッケの著作の研究』において、「歴史理論的根本対極」として「個と普遍」、「自由と必然」、「価値と因果」に、「歴史主義とその根本思想」として「個性思想」、「発展思想」に区分したのにならう。ただホーファーのばあい、概念規定に終始して歴史的背景や推移の考察が手薄なうらみがある。このへんを斟酌《しんしゃく》して、いくらか補っていきたい。

ランプレヒトとの争点

ランプレヒトとの論争が、マイネッケのジーベル追悼文に端を発したことは前言した。マイネッケが実証主義的集団主義的思考に言及したのをしおに、ランプレヒトは「それはむしろ方法のちがいであって、古い傾向は歴史的事件の原因を個別的かつ具体的な個々の個人の目的のなかに追求するのに、新しい傾向は因果律の原則をあくまで主張し、人間の歴史の領域においても種属的動機から個人の行動を解明することによって推しすすめようとする」と反駁したのだ。これにたいしてマイネッケはいう。「方法のちがいは、しかしじっさいは形而上学的前提の対立にもとづく。すなわち、新しい傾向は明らかに個性的な生を生物学的に解明しようとつとめるのに、古い傾向は理想主義的世界観にもとづいて個人の解明できない、統一的な、先天的な核心というものを固持する。ランプレヒトが世界観の変化と精神科学的方法の変化との大きなつながりを否定しようとするのは、みずから矛盾をおかすものだ」。

　するとランプレヒトは反論する。「マイネッケが立論の根拠とするランケの理念説のごときは、神秘的＝超越的な力を重くみるものだ。かんじんなのは新しい方法であって、世界観の対立などではない」。これにたいしてマイネッケは、ランプレヒトのランケ批判が明確を欠くと指摘してからいう。「私にとってあらゆる歴史も個人の歴史である。むしろランプレヒトの把握は非心理的だ。かれの把握は歴史的人間を二つの部分にひき裂く。少数の貴族的エリート、盲目的に《種属的》動機によって指導される多数のにぶい大衆とに。だが私はかんがえる。自由と必然はいかなる人間においても組みあわされており、社会的なグループのいかにつまらない成員でも、自由な極小のX《エッキス》を内に蔵する。したがって、大衆の精神的・社会的・経済的変化には、種属的な動機とならんでまた、かれらの成員の自然な業績が重要な共同作用を行う。たとえ個々の業績がとるに足らない、研究者にみとめられないものであろうと、それらの総計は軽蔑されるようなものではない」。論争はなおも延々とつづくけれど、争点はけっきょく「個と普遍」と「自由と必然」との二つになるだろう。

ランケの「個と普遍」

争点に立ちいる前に、ランプレヒトが引きあいにだしたランケの説をちょっとみておく。ランケは三〇代の手記にこうしるしている。「人生の事柄を識《し》るためには二つの道があるだけである。すなわち個別の認識のそれと抽象のそれとである。一は哲学の道であり、一は歴史の道である。真の歴史家となるためには、一つの資格が必要である。第一には個別にたいし、ただ個別自身のために、興味と悦《よろこ》びとを抱くということである。しかし歴史家はまたその眼を普遍にむかってみひらいていなければならない。しかも彼はその普遍を、哲学者のようにあらかじめ考察するのでなく、個別を考察しているうちに、世界の一般的発展が歩んだ軌道がおのずから現前してくるであろう」（『世界史概観』鈴木・相原訳）。

六〇代における自筆の手稿にもこうしるしている。「世界史学は、個別の究明にあたりながらしかもさらに大なる全体を究明し、つねにそれを眼界から見失わないという点において、個別研究と区別されるものである。個別の研究は、どんなにささいなことであっても、それがあげた成果はそれ自身価値をもつものである。いかなる些事《さじ》にわたるものといえども、それはためになるものである。しかし個別研究といえども、つねに一つのより大きな関連につながるであろう。郷土史でさえも一国の国土の歴史につながり、伝記は国家或は教会におけるより大なる事柄に関係し、さらに国民史或は一般史の一時代に関係するであろう。そしてこれらの時代のすべては、さらにまたわれわれが世界史と呼ぶところの厖大なる全体に属している」。

ついでながら、「六〇代の自筆の手稿」には「自由と必然」についてこうのべている。「われわれの眼前には、互いにつながりあいまた互いに相制約し合うところの一連の出来事がある。制約という言葉を用いるとはいえ、もとよりそれは絶対的な必然性によることを意味するのではない。むしろ重大な点は、いかなる場合にも人間の自由が主張せられるということなのである。歴史は自由の舞台をたどるものであって、このことこそ歴史が最大の魅力を有するゆえんでなくてはならない。自由のかたわらに必然がある。必然とは、すでに形成せられたるもの、抹消しえざるものの中にある。それはあらたに出現しきたる一切の活動の基底である。成れるものが、成りつつあるものとのあいだに関連を構成する。しかもかかる関連そのものがまた、任意に選択されるものでなく、確定的に斯《か》くあってそれ以外ではありえないものなのである。こうした関連もまた認識の対象である。時代の相異はどこからできるか。それは自由と必然との対立の闘いから、異った時と状態とが現出するからである」。

マイネッケの「個と普遍」

ランケ史学のサワリの部分をぬき書きした。マイネッケも根本においてはこうしたランケの考えにしたがっている。ランプレヒトが歴史において普遍的なもの、法則的なもの、類型的なもの、集団的なものを因果律によってとらえる。すぐれた人格のみが自主的行動をし、個人の大集団は盲目的に種属にみちびかれるとし、すぐれた人格と状態の歴史とを対立させる。前者にあっては自由の要因が優勢をしめ、後者にあっては因果の網が支配するとみなす。これにたいしてマイネッケは歴史的人間を「少数の貴族的エリート」と「にぶい大衆」とに区別することをみとめない。大衆やその運動のなかに、合法則的にはたらくもろもろの力や因果律のたんなる動きではなくて、そのなかに幾千もの自由なXの業績がひそんでいるとする。マイネッケの立場は理想主義的個人主義であって、個と自由のほうを普遍と必然よりも一段とたかく評価する。しかしランプレヒトは社会的集団主義的であって、普遍的要素や因果必然性のほうを評価する実証主義の立場をとる。もちろん、マイネッケも普遍や必然をまったく考慮しないのではない。またそんなことはありえない。歴史においては個はつねに普遍とむすび、自由は必然とからみあうことは、十分にしっていた。

　ランプレヒトとの論争後、マイネッケの確信はいよいよ固くなっていく。一九一八年に行った講演『個性と歴史的世界』(『国家と個性』所収)は、個性は歴史的世界にたいしていかなる意義を有するか、歴史的世界は個性の形成にたいしていかなる意義を有するか、を論じたすぐれた論説である。

かつてのランプレヒト論争をふまえつつ、かれはこうのべる。「理想主義哲学の初期およびその高潮にいたるまでは、人々はなお個性の要求ということから出発したものである。そしてこのゆえにこそ、カントおよびフィヒテにおいては、道徳的自由の問題が主要論題だったわけだ。しかるにヘーゲルにいたっては、すでに歴史的過程の全体が支配的な論題にまで昇格している。そして最近の歴史哲学の発展とともに、また大衆というものの意義の増大につれて、集団主義の傾向と個体主義の傾向との大争闘がその後ますますたかまっていった。集団主義、およびこれと密接に触接する実証主義は、さらに社会学という新しい学問は、その問題提起において例外なく個体にたいする全体性の卓越的意義ということから出発した。歴史学における個体主義の傾向、およびこれに近接して立つ哲学は、それらのものにたいして、しばしば攻撃よりもむしろ防御の立場におかれているのを感じ、同時に良心的に、集団主義者の主張に含まれている正当な核心を承認するように努力した。こうしてわれわれの歴史像の上には、集団主義的認識の巨大な網がはりめぐらされてしまったのである」。

もしランプレヒトの伝《でん》でいけば、個性は自己目的から目的のための手段におとされる危険におちいるだろう。それというのも、もっとも徹底した形成における集団主義は、ほんらい個人というものをさまざまな社会的な力の交叉点・通過点としかみなさないからだ。個々の人間は、ただ一般的な関係や傾向の指標にすぎないことになる。したがって歴史的世界も、個人を自由な、独自な個性にしあげていくことにたいしては、なんらの余地も素材ももたないことになる。

マイネッケはこういう集団主義的個人観をきっぱりと拒否する。いったい個性とは何か。それはいかなるものたろうとし、またいかなるものであるべきか。≪個性は地上の子のこよなき幸福《さち》≫というゲーテのことばが、あたかも教会の鐘の音のように、われわれすべての者の耳に鳴りひびく。だが、そもそもわれわれは、ゲーテが個性ということばによって意味させたものの完全な幸福を、どのようにして発展させることができるのだろうか。発展させることができるのは、つぎの場合だけだ。すなわち、個性が、一般的な社会的発展の産物であるばかりでなくて、むしろまったく個的な発展の持ち主だと感じた場合である。この点で実証主義はゆきすぎている。さらに因果法則なるものも、ほんとうの根源は、人間精神の深奥に横たわっているものなのだ。人間精神は精神的・道徳的価値の世界を創造するし、創造しなければならない。このことは、たんに文化や歴史をつくるばかりでなくて、個性をつくりだすことを意味する。それが個性というものの歴史的機能である。

文化価値は、実証主義がかんがえているように、たんに一般的な関係や因果的な産物であるばかりでなく、それがつねにいきいきと存続し、かつたかめられていくためには、無数の個々の個人の協働を必要とする。歴史研究は、歴史的生のいっさいの新形成のなかに——もしできるならば、つねに個人・個性的な生の息吹《いぶき》が感じられるかぎりますます深く、その起源を探究しなければならない。大衆にしたところで、じつはそうなのである。歴史における大衆も、けっしてたんに死んだ塊とかんがえてはならない。大衆には潜勢力《せんせいりょく》的な人格が充満しており、潜勢力的な人格は、たとえ周囲をてらすほどのものではありえないにしろ、なおその周囲に微光を投げかけるのである。

マイネッケの「自由と必然」

ランケが「自由と必然」の関係についてヘーゲルの世界理性説を否認したように、マイネッケもランプレヒトの実証主義にもとづく決定論（因果必然性）に反駁する。自由か必然かの二者択一ではなくて、両者の協働をとくのである。もちろん、自由を絶対的恣意《しい》と解するのではない。精神的倫理的本性の自発的な衝動と解するのである。「個」をかんがえるばあい、「自由」というものなしにはありえないというのだ。社会的グループのいかにつまらない成員でも、自由なXの微光をもっている。因果的必然性に左右されない人間の自発性や積極性からのみ、独創性すなわち新しいものの創造が行われるのである。したがってかれがかんがえる自由はすぐれた倫理的性格をおびている。では、「必然」はどうか。必然の原則は自由の原則とならんで歴史的な力だ。この歴史的な力が個々人の意志に衝撃を与える。必然が歴史を動かす要因のひとつだということは、しかし、人間のほかに「じっさいに行為する主体」があるという意味ではない。自由のほかに「歴史的作用原理」が存するという意味なのである。人間だけが歴史的原動力であるからといって、自由を唯一の歴史的要因とみるのはまちがいだ。人間は自由の立場では、「その歴史的行動の自主的、創造的、責任ある主体」だ。ところが「必然」の考えでは、人間は非自主的な存在に貶下《へんげ》されてしまい、よりたかい勢力の道具になってしまう。ランプレヒトは「必然の原則」を「因果の原則」によって規定し、「普遍的必然の連鎖」の優位をといたのにたいして、マイネッケは「自由と個性」を対置する。ランプレヒトの個体的存在の「生物的で動的な必然性」から個体をまもるとともに、自主的で創造的な、責任をもつ主体を力説せずにいられなかった。

マイネッケは自己の歴史思想を形成するうえで「個と普遍」とか「自由と必然」の問題に思いをひそめる要があった。そういうときランプレヒトのような好敵手をえたのは幸いであった。この意味でマイネッケ史学の初期の発展にとって、ランプレヒト論争は重要な意義をもっていたといえよう。

価値と因果

史学思想の深化

第一次大戦前におけるマイネッケの史学思想は、ランプレヒト論争に触発されて歴史における「個と普遍」・「自由と必然」に集中した。この時期のあとに第一の主著『世界市民主義と国民国家』が公刊されたわけだが、この書にランプレヒト論争の理論的成果がとりいれられたのにふしぎはない。ところがその後、かれは第一次大戦とかドイツの敗北という深刻な体験をつみ、それらの体験が第二の主著『近代史における国家理性の理念』をうむ動機となったことは、もうくり返すまでもない。では、第一次大戦後にかれの史学思想は変わったであろうか。『国家理性の理念』のなかで展開した政治的理念史は、戦後の史学思想とどう関連するのであろうか。これらをしるには、ＨＺの巻頭論文『歴史における因果と価値』をみるに若《し》かない。のちに論文集『国家と個性』に収録し、第二次大戦後には論文集『創造する鏡』に再録した。自信のほどがうかがえるが、じじつ、かれはこの論文を自己の「史学論」とよんだのであった。

ところで戦後の変化だが、じつは、根本のところは変わっていない。『国家と個性』の序言をよんでみるがよい。「政治史家が、極端なまでに客観的に事物に即しつつ、国家のみを、その多種多様な歴史的形態と歴史的変転において研究するというだけでは、まだけっして十分でないように私には思われる。かような研究の赴くところ、ついには人間を貶下して、こうした変転のたんなる成就機関のようなものに堕せしめる結果になりやすい。最近の社会学的方法というものはそうした傾向を多分にもつ恰好《かっこう》の実例である。もちろん私は、こうした考察方法の相対的な認識価値をけっして見おとしているわけではない。しかし私は、いっさいの史的現象の両極性を把握し、かつ創造的個性を力としてとらえるというところに、史的認識の理想をみる。だがこの場合、個性をたんに趣味的対象と化して喜ぶ興味だけでは、なんの役にもたたない。なぜなら、国家というものがただ自発的に創造する個性によってのみその歴史的行為の高処に達しうると同様、個性もまた、ただ超個体的な威力との頑強な、苦悩にみちた、かつしばしば悲劇的な争闘によってのみ、その歴史的行為の高処に達することができるのだから、いずれも他なしにすませることはできない」。かれの「個性‐個体」観が根本的には変わっていないことがわかろうではないか。

　この論文集を『国家と個性』と題した趣旨もうなずける。というのは、一方には個性があり、他方には超個体的な国家があり、両者はいわば対極を形づくる。だが、どちらかが一方的に優位に立つのではなくて、両者の協働によってはじめて、歴史的行為が生ずるのである。マイネッケの窮極の意図は、そうした対極をたかい統一にもたらすことだったにちがいない。してみればかれの史学思想は、戦後に変化したのではなくて深化した、というべきであろう。『創造する鏡』という表題も同じように解されよう。このことばはマイネッケが晩年にしばしば好んで用いたところであって、もと、ゲーテの『ファウスト』においてファウストとメフィストとの論争の場面にでる。かれはこのことばによって歴史叙述の真諦《しんたい》をいいあらわそうとしたのだ。「歴史を書くひとは、あたらしい歴史をも創造しなくてはならない。かれが映そう《シュピーゲルン》と欲する一般的な生成の流れの断片をも創造《シャッフェン》しつつ映さねばならない」。つまり歴史家の研究は、かつてあったものをたんに機械的に映すのではなくて創造的に映すべきだ、主観的なものと客観的なものとを自己のうちで融合させ、こうしてえられた歴史像が同時にかれの研究がとらえられるかぎり過去を忠実に真剣に再現し、そのさい、研究者の創造的個性によって血を通わされなくてはならない、というしだいだ。

三つの因果

本論文にもどる。マイネッケが「因果と価値」という問題提起をこう説明している。「われわれは、歴史学のこんにちの発展のなかに、二つの大きい傾向を認知しうるように思う。もっとも、その両者は相互に孤立して作用しているのではなく、むしろ強い程度にせよ弱い程度にせよ、ともかく、それぞれ他の傾向の諸要素をも伴ってはいるけれども。その一方の傾向は、因果を探究しようとする。他方は価値を理解し叙述しようとする。歴史におけるいかなる因果研究も価値への関連なしには不可能であり、いかなる価値の把握もその因果的根源の探究なしには不可能である」。ひとはここにランプレヒト論争が尾をひいているのを看取するだろう。

ランプレヒトのばあいは、因果探究をもっぱら前面に押しだすのに、マイネッケは因果探究と価値探究とを総合しようというわけである。

では、因果とは何だろうか。マイネッケは三種の異った因果を区別する。(a)機械的因果、(b)生物的因果、(c)精神的・道徳的因果である。

(a)機械的因果は、原因と結果との完全な等質性にもとづく(原因は結果とひとしい)。だからもっとも単純である。(b)生物的因果は、生物の胚種《はいしゅ》がそれに固有な構造と合目的性と法則性をもつ生物体に完全に展開することによって、外見上では、結果を原因以上に生長させるものである。(c)精神的・道徳的因果によってはじめて、純粋に機械的な因果連関を打破する。というのは、機械的にも生物的にも説明しがたい、自発的かつ目的にむけられた個性の衝動が、人間行動に影響をおよぼし、これをもって機械的因果連関のなかへも干渉していくから。しかしそれにもかかわらず、他方ではこの機械的因果連関が、たえず中断することなく、われわれの思考にむかってあらわれてくる。なんらの偏見にもとらわれていない研究者なら、歴史的生のなかにこれら三つの因果の各々が作用している事実をみとめざるをえない。とらわれない研究者は、たえずこれら三種の因果のすべてを相手にしなければならない。

たとえば、諸民族の貧困や富裕の原因とか、諸民族の闘争における勝利や敗北の原因などを研究するなら、純粋に機械的に作用しかつ把握されうるような一系列の原因をさぐり、研究しなければなるまい。もしそれらの現象のなかにひとつの結晶過程（人間共同社会生活の形式や形象の出現、その自己展開、組織、開花、没落など）が完成されるのをみるなら、歴史家の注意はいっそうたかめられるだろう。そういう独自の性格をもつがゆえに、歴史的生を例外なく法則的に説明しようとするいっさいの試みは嘲笑すべきものとなる。こうして歴史的生の上には、異った三つのスタンプが重なりあって押印されている。第一のスタンプ、すなわち機械的な因果の刻印はもっとも単純明瞭だが、第二のスタンプと第三のスタンプとを区別するばあい、一方のものだけを読みとろうとして他をみのがす誤ちが犯されやすい。

啓蒙時代までの古い歴史把握は、歴史をすぐれた個的・個性的な決意と行動の刻印作業場とみなし、いわゆる「実用的」歴史のとり扱い方として混沌とした人間行動を合理的に秩序づけようとした。ところが最近の歴史把握は、歴史的生の超個人的な因果および形成に目をひらき、個体の自主的影響というものを過小に評価し、たんにより大きな集団的な生命力や生の形式のひとつの機関としてしかみなさないような傾向におちいりやすかった。実証主義はそういう傾向をしめした。これに反してランケにはじまる科学的な歴史のとり扱いは、いっさいの一義的かつ一般的な因果説明を断念し、したがって真の科学性を欠くといった非難をうけなくてはならなかったけれど、そのかわり、機械的・生物的・個的＝個体的因果の三つの刻印の交錯を、それだけいっそう清新かつ直接に観た。このような歴史把握にとっては、芸術的直観と、生起したものの芸術的・直観的形象化が、三つの刻印の交錯にたいする本質的かつ不可欠な作業手段と思われた。純粋には因果的でない道のみが、一歩ふかく現実の深奥へわれわれをみちびいてくれる。こうしてマイネッケは、三つの因果のうちで精神的・道徳的因果にもっとも重きをおいたのは明らかであろう。

価値とは何か

つぎに価値とは何だろうか。すでにランプレヒト論争でしったように、マイネッケは自由を「精神的・倫理的自発性」と定義した。実証主義のように、価値を「一般的状態や諸力の因果的所産」とみるのではなくて、「創造的・個性的精神の精神的・道徳的衝動によって生ずるもの」とみた。こうした考えは本論文においていっそう精練されているのを見いだす。ズバリといえば、価値を生ずるのは、かれが区別する第三の精神的・道徳的因果なのであって、これはいうまでもなく、ランプレヒト論争における「精神的・倫理的自発性」に呼応している。かれのいうところをきいてみよう。

マイネッケによると、因果的認識への理論的欲求と生価値への欲求とは、歴史的関心のなかで密接不可分に癒《ゆ》着《ちゃく》している。じっさい、理論的欲求もそれじたい、同時にひとつの生価値——真理価値への欲求にほかならない。あらゆる因果追求の背後には、直接あるいは間接に、価値追求——最高の意味において文化と名づけられているものにむかっての追求が存する。そしてこうした価値を生みだすものこそは、三つの因果の刻印中の第三のものにほかならない。ひたすら因果関連のみを承認し、因果以外の何ものも歴史のなかにもとめようとしない研究者なら、じつは高次な価値への欲求によって動かされているのである。再言すれば、実証主義は歴史研究において因果探究を前景におこうとした。しかもその結果は厖大な専門化した細部化となってあらわれた。なるほど、そのさい過去の新しい未知の価値がきらめいたことは確かだけれども、こうした価値の研究も、実証主義的因果研究にとってさけることができない分業のために、あまりにも機械化され、その量があまりにも大きくなったがために十分に精神的に駆使されるにいたっていない。「専門的学界の化石化」と「主観的野蛮化」をさけるためには、つぎの原理をしっかり堅持する必要がある。すなわち、「価値を伴わざる因果はなく、因果を伴わざる価値もない」ということ。「価値を追求する強い渇望なくしては、因果探究は——たとえいかに老練な技巧をもっていとなまれようと——味気なき手業《てわざ》と化すであろうし、具体的現実性ならびに因果関連にたいして直接の喜びをかんじるのでなければ、理念的諸価値の叙述も、空虚で恣意的なものとなるであろう」。声をあげて誦《しょう》したいような名文句ではないか。

トレルチとともにマイネッケは、より高次の精神的価値、すなわち文化価値を、純粋に動物的ない、より低い生価値——ただ因果としてしか歴史家の考察にはいってこないような価値、から区別する。前者のような価値こそが歴史家のほんとうの関心の的となるのであって、これをとらえることが歴史家の最高目的だ。文化価値には二つの種類がある。一つは、宗教上および哲学上の、また政治的および社会的な思想形成物、芸術作品、科学などである。もう一つは、具体的な生の必然性から間接的に咲きでるものである。前者において、人間は、自然から文化へのもっとも直線的な、そしてもっとも険《けわ》しい登攀《とうはん》をこころみる。後者においては、人間はなお自然という平面にとどまってはいるが、しかし価値という導きの高峰を仰いでいる。

結論に急ごう。歴史とは文化史以外のものではない。このばあい文化とは、その時々に応じて独自な精神的価値、つまり歴史的個体性をうみだすことを意味する。政治史と文化史とのあいだの歴史的傾向の争いなどは、ただ、双方の人びとが歴史における因果と価値との関係をはっきり理解していなかったがゆえにおこりえたのである。政治的歴史叙述は国家を歴史的生の中心因子とみなした。このことは、因果という点からみれば完全に正しい。なぜなら、文化生活にもっとも強い因果的作用を加えるのは、じっさいつねに国家だったのだから。しかし国家そのものが同時に最高の文化価値なのだろうか。ヘーゲルいらい、国家を最高の文化価値にたかめようとする傾向があるけれども、国家は最高の文化価値ではありえない。というのは、国家というものが、ほとんど他のすべての歴史的個体性にまして強く自然的・生物的な必然性に拘束されていて、完全に精神的なもの、道徳的なものになりきることを、この自然的必然性によって妨げられているからだ。そのもっとも純粋な形式における宗教と、その最高の行為における芸術——これこそ最高の文化価値であり、哲学と科学とがつづく。

政治的理念史の真髄

およそこのようにマイネッケは、文化価値において国家を最高のものとはかんがえないが、では国家を扱う政治史にはいかなる意義があるのか、その課題はどういうものか。『国家理性の理念』において、かれは理念史叙述を根拠づけてこうのべている。「政治的歴史叙述は、宗教や芸術やその他の歴史叙述よりも、より不完全な文化価値を相手としてとり扱わねばならない。しかし、宗教や芸術などの歴史叙述が人間性の高所において活動するからといって、うらやましがりはしない。むしろ政治的歴史叙述は国家――歴史的生の因果的にもっとも強い作用力をもつところの――を研究し、同時に国家がうみだすことができる価値を問うことによって、同時にこの歴史的生の深さと高さとを瞥見《べっけん》すべきであり、またこのことをなしうるために生そのものの中心へ自己を移して熟考しなければならない。われわれはこの歴史的生ということばによって、自然と文化との交錯を意味する。この二つのもののうちで文化の方がより強烈であればあるほど、そのさい両者の戦いがより白熱的であればあるほど、それだけいっそう多く歴史的生がそこにある。われわれはこの二元的対立が国家においてもっとも強烈に作用しているのをみる。国家の文化価値について考えられる問題的なもの、不確実なもの、疑わしいものこそが、政治史家たちを、磁石のような力で世界史の偉大な政治家たちのもとへひきつけているのだ。というのは、自然と文化との闘いは、これらの偉大な政治家たちにおいて雄大な相を呈するからである」。

「国家生活における文化価値のための闘いを叙述する政治史と、静観的に創造される文化価値の歴史――この両者のあいだに、なおひとつの中間領域が存している。それは政治的理念の領域である。能動的な生《ヴィターアクティヴァ》と静観的な生《ヴィターコンテンプラティヴァ》とは、この領域において相互に交錯し、移行する。国家生活の、地上的にはあらっぽく雑なもろもろの力が相互に衝突しあうなかにあって、いかにして個的な理念がめざめていき、かかる理念がそれらの力の抑圧から解放されるためにいかに闘っていくかを注視することが、自分をずっと以前から深く感動させてきた。じっさいそれらは、純粋な静観的生の精神的形成物よりもなおいっそう地上へ拘束されており、いっそう強く現実と合生する。そのかわり、これらの理念のなかにこそわれわれは、自然的現実という欠くべからざる肥沃《ひよく》な根底を認識するだろう。しかもこの根底なくしては、いかなる文化形成物も、けっしてありえないのだ。ランケはこれを≪現実的《レアールー》・精神的《ガイスティヒ》な実在≫とよんだ。われわれはいっさいの文化価値を個体性として把握することによって、その文化価値に含まれている精神的な活力《ポテンツ》や自然への被拘束性の多少をざっと知覚するひともあろう。しかしそれを正確に算出することは不可能である。ただ自然と文化とのあいだの中間地帯だけでもすでに、これを妨げるのである」。二〇世紀の歴史家でマイネッケ以外のいかなる歴史家が、これほどみごとに政治的理念史の真髄をいいえたものがあろうか。

「最大の精神革命」へ

大戦後におけるマイネッケの歴史思想の深化あるいは精練が『国家理性の理念』において具象的にしめされたとすれば、『因果と価値』において理論的にしめされた。かれはランプレヒト論争においてひとたびはランプレヒトの説をしりぞけたけれども、より深い意味で文化史の概念が摂取されたのが、中期におけるマイネッケの歴史思想の特色である。ここまでくれば、いったい個体性の意識がいかにしてめざめ、いかに深くなっていったか、発展という思想がいかにしておこってきたかを、起源までさかのぼって探究することは当然の成りゆきであった。ときに七〇歳をはるかにこえ、外ではナチスとのたたかいのために心労を増していた。老齢の身にはつらい。だが、これは、命あるかぎり遂行しなければならない最後の仕事である。ベルリン－アカデミーにおいて研究計画を公表した以上、公約はなんとしてでもはたさなければならないのである。すなわち、政治権力（マキアヴェリズム）の考察とならんで近代歴史観の考察を。こうしてマイネッケは、「西欧が体験した最大の精神革命である」歴史主義の問題に沈潜することになる。

個性と発展

「いっさいのものを歴史的見地から」

「歴史主義」というのはたいへん多義的、つまりあいまいなことばである。常識的につかわれる場合から専門用語としてつかわれる場合まで、さまざまな意味をもっている。しかしそういう詮索《せんさく》はかえって諸君のあたまを混乱させるおそれがあるから、いまはさしひかえたい。要は、「いっさいのもの を歴史的見地から理解しようとする考えかた」のことである。あるいはトレルチの有名な定義によれば「われわれの知識や思考の根本的な歴史化」のことである。

マイネッケは畢生《ひっせい》の大著『歴史主義の成立』二巻においてこの歴史主義を論じた。例によって目次をしめす。

第一章　先駆者たち

第一節　シャフツベリ

第二節　ライプニッツ

第三節　ゴットフリート＝アルノルト

付　レオポルト＝フォン＝ランケ（記念講演）

ライプニッツ

序文においてマイネッケはこうのべる。「すでに数年来、歴史主義は克服されねばならない、という声が鳴りひびいている。このような時に肯定的な立場でその成立史を書くということは、大胆すぎるかもしれない。しかし精神革命というものは、一度起こった以上、全然起こらなかったもの、今後全く影響のないものとするわけにはいかない。精神革命は、たとえそれが現在はじまりつつある新しい革命にとって代わられようとも、奥底で依然として作用しつづけるものである。しかも、本書でしめされるように、歴史主義の台頭こそは、西欧の思考が経験した最大の精神革命のひとつであった」。

それでは、歴史主義はどういうものか。マイネッケの理解では、歴史主義とはとりあえず、ライプニッツ（一六四六〜一七一六）からゲーテの死にいたる、大規模なドイツの運動のなかでえられた新しい生の原理を、歴史的生の上に適用することである。この運動は西欧全体の運動を受けつぐが、栄冠はけっきょくドイツ精神のものとなった。ドイツ精神はここで、宗教改革につぐ第二の偉業をなしとげたのである。しかし、発見されたものは新しい生の原理そのものであったから、歴史主義もまたたんなる精神科学的方法以上のものとなった。

歴史主義の核心

マイネッケにしたがえば、歴史主義の核心は、さまざまな歴史的・人間的な力を、一般化的にではなくて個性化的に考察することにある。いいかえれば、個別的なものにたいする新しい感覚である。人間と人間によって創造された社会的・文化的形成物に関する個別的なものが、これまで一顧《いっこ》だにされなかった、というわけではない。ただこれまでは、歴史のもっとも深い底に働いていた諸力、つまり人間の魂と精神が、一般化的判断によって拘束されてきたのである。この一般化的判断とはどういうことか。人間はいかなる時代においても変わらない存在であり、人間の性質は不変だとする、自然法的な思考方法だ。「この自然法がほぼ二世紀の間、西欧の人間にとって何を意味していたかは、想像にあまりがある。これはまさに、世界史のあらゆる嵐にもかかわらず輝く不動の北極星であった。思考する人間に人生の絶対的なより所をあたえ、とくにキリスト教の啓示信仰によって高められた場合は、さらに強力なより所となった」。

かような自然法的な思考方法は久しく西欧人を支配していたけれど、一八世紀後半にいたってようやくこれに対立する歴史主義的な思考方法が生ずる。個体化的な考察方法とともに、人類は発展能力をもつという発展的考察、がそれだ。こうしてマイネッケは、発展史観を準備したシャフツベリ(一六七一〜一七一三)、ライプニッツ、ヴィコ(一六六八〜一七四四)、ついでフランスおよびイギリスの啓蒙主義史家、さらにファーガソン(一七二三〜一八一六)やバーク(一七二九〜九七)たちのイギリス前期ロマン派について詳述する。転じて歴史主義の考えを一挙にもりあげた「ドイツ運動」においてメーザー（一七二〇〜九四）やヘルダー（一七四四〜一八〇三）をへてゲーテにおよぶ。ランケはゲーテとロマン派によって豊かにされて、人類の歴史的生の全体をこれらの原理にしたがって理解することを教えた。マイネッケは青年ランケの教養の歴史をもって筆をおくつもりであったけれど、ついにおよぶことができなかった。そのため、一九三六年一月にプロイセン-アカデミーで行った記念講演を付録にのせて巻をとじたのである。なにぶん大著であって、内容に立ちいることはできかねる。せめても目次によってご判断ねがいたい。

ニーチェの「歴史病」

さて、それではマイネッケは高齢におよんでから、よりによってこんな苦労の多い仕事に着手したのはなぜだろうか。一口でいうと、右にのべたような歴史主義のほんらいの意義を再確認することによって、歴史主義の危機をのりこえようとしたからにほかならない。トレルチが「現代歴史主義の問題はニーチェに発する」（『歴史主義とその諸問題』）といったように、ニーチェ（一八四四〜一九〇〇）はいち早く歴史主義を批判した。かれは『生にたいする歴史の利と害』（一八七四年）において、当代が自慢する歴史的教養を、時代の傷《きず》、あるいは欠陥とかんがえた。もともと歴史は人間の生に奉仕すべきものなのに、かえって歴史が生を圧迫するほど過剰となった。一九世紀はまさしく歴史の過剰という病的な状態におちいっている。このような≪歴史病≫をいやすためには、≪歴史的なもの≫と同じ程度に≪非歴史的なもの≫

が必要である。≪歴史的なもの≫は回顧的であって、過去の回顧から歴史が生ずる。これにたいして≪非歴史的なもの≫は歴史に存在しなかったものを新たにつくりだすことで、こうした創造によって歴史がつくられる。歴史の回顧のみにふけると、ひとは力強い創造をわすれるようになる。こうしたニーチェの≪歴史病≫説は、たしかに急所をついていた。

いかにも、歴史主義が歴史における発展を重視したのは画期的であった。けれど歴史主義の赴くところ、ついに相対主義とならざるをえない。ディルタイの有名なことばを引けば、「発展説は、歴史上のあらゆる生の形式が相対的であるという認識と必然に結合している。現世と過去とを達観するとき、いかなるものも絶対的な価値を失ってしまう。したがって歴史的意識をその窮極の帰結までたどっていくと、一見融和しがたい対立が生ずるのであって、宗教にしろ理想にしろ哲学体系にしろ、あらゆる歴史現象の有限であること、これが、万物は流転の過程にある、ひとつとしてとどまるものはないという歴史的な世界観のさいごのことばであり、ここに信念のアナーキーが生ずる」(『全集』第五巻)。すべてを生成のなかにおいてみ、国家、法、道徳、宗教、芸術をも、歴史的生成のうちに投じ、たんに歴史的発展の一要素としてしか理解しない歴史主義が、相対主義におちいるのは当然だろう。

ニーチェ

トレルチとの違い　たんに過去回顧的だと、歴史主義は現実の生に迫る積極性を失いやすい。トレルチは、歴史主義にふたたび積極性をとりもどさせることで危機をのりこえようとする。かれによれば、ひとは静観をもって甘んじてはならない。ひとがそのなかに生きる状況にもとづいて積極的かつ力強いプログラム、いわゆる現代的文化綜合を樹立せよ、とする。これにたいしてマイネッケはいう。「もしもトレルチが欲するように、実践的な文化プログラムをたてるべき課題を歴史学に直接に課するなら、それは真理のための純粋な努力をにごらす危険のある実践的傾向の重荷を歴史学に背負わせたことになる。純粋静観というものも、それじたいがすでに最高の文化価値なのである」(『エルンスト＝トレルチと歴史主義の問題』)。だからトレルチから、純粋静観へ引っこみすぎていると非難されたさいも、かんたんに承服できなかった。しかしそういうマイネッケにしてなおかつ、一九世紀末から今世紀はじめにかけてのドイツ史学は現実とのつながりを失い、専門のカラにとじこもっているとみた。『ドイツの歴史学と現代の要求』の論文において不満を明らかにしたことは、前にみたとおりである。かれはトレルチのように性急に事をはこぼうとするのではなくて、パトスとエートスにあふれていた初期歴史主義の精神と方法を復活することで危機をこえようとする。

垂直式視点の提唱

そうだとすると、『歴史主義の成立』の中心問題は二つあることになろう。一つは、歴史主義はいかにして相対主義からまぬがれることができるか、二つは、歴史主義は現実の生にいかに向かいあうべきか、だ。『歴史主義』の執筆中に副産物としてできた珠玉《しゅぎょく》の小論『歴史と現在』（『歴史的感覚と歴史の意味』所収）は、これら二つの問題に簡潔に答えている。答えはこうだ。いっさいを相対化する歴史主義のなかに或る腐敗性の毒物がひそんでいたのは、事実である。この毒の作用は、歴史的思考がドイツに開花した一世紀半のあいだは長らくみとめられなかった。つまり、毒の作用は、歴史的発展的思考が積極的かつ創造的だったあいだは、効果をあらわさなかった。しかし、積極的創造的でなくなるが早いか、毒の作用はてきめんにあらわれてきた。しからば、こうした相対主義の解毒剤はどうしてもとめられるだろうか。たんに生成と流動においてのみ事象をとらえる考え方にたいして、絶対化的な考え方をとることである。いいかえると、時間的な移ろいにもかかわらず、創造的生をいっそう豊かにすることができる価値をもって、相対化的な考え方を被《おお》うことだ。

そのさい、三つの方法がある。第一は、ロマン主義的方法とでも名づけられるものであって、過去へ目をむけることである。偉大な過去から自己の時代にたいして創造的な衝動を汲みとるということ、これはむろんできることだ。だがロマン主義が肥大するや否や、生を促進しないで阻害するようになることは、回顧的な歴史からして明らかであろう。第二の方法は、ロマン主義的方法のように過去に目をむけるのではなくて未来に、すぐれた価値あるいは歴史の目標をもとめる。啓蒙主義における進歩の楽天主義などがそのばあいである。しかし人類がより高次の段階にむかって連続的に進歩していくというような説を、そうかんたんに信ずることができようか。これら二つの方法では、けっきょく人間は歴史の生成のながれに負かされてしまう。それというのも、これら二つの歴史視点は、ともに水平の方向に走り、したがって水平に走る生成のながれに沈没するからだ。

けれども、事柄を垂直的にみる視点があるはずである。流れのうえに垂直に橋をかけようとするのである。別にいえば、相対的なもののなかに絶対的なものをもとめようとする。ゲーテは≪瞬間こそは永遠である≫とうたい、ランケは≪あらゆる時代は神に接する≫といった。ゲーテのいう≪永遠≫とは、超越的かつ思弁的な永遠の思想ではない。現実および体験の奥底に根をもつ永遠を意味する。ランケのことばも同じだ。それぞれの時期における人間、民族、国家の衝動のなかに歴史があらわれることを意味している。このように歴史的生は、水平的にではなくて垂直的に高所にむかっていく。≪万物は流転する≫というヘラクレイトス（前二八七～前二一二）の認識にたいして、≪われに立つ場所をあたえよ、然らば地球を動かさん≫というアルキメデス（前六世紀～前五世紀）の要求があらわれる。このときはじめて、人間がそのためにはたらく課題、人間がそのためにたたかう理念が、ふたたび確固としたものになるのである。

的はずれの批評と魂の温かさ

『歴史主義の成立』が刊行されたとき、世評はかんばしくなかった。一例をあげると、エーリヒ＝ゼーベルクは教義史にかんして一家をなす学者だが、さっそくＨＺ（一九三七年）で書評を行った。かれによると、マイネッケがとりあげている人物の選択は歴史主義の概念に規定されているために、全体の構成が勝手気ままである。一七世紀の歴史的業績が十分に顧慮されておらず、当時の歴史研究が結晶した教会的歴史叙述にも注意がはらわれていない。歴史主義の成立が純粋に理念の運動から説明されているけれど、理念の運動は政治上の事件に左右されるものであって、精神史は政治史という下部構造にもとづくものでなくてはならない、等々。マイネッケはこのような批評にべつだん答えてはいない。答える気にもならなかったのだろう。というのは、ゼーベルクが西洋史学史ないし史学思想史への一寄与として本書を理解し、そのゆえに欠落や不備な点を指摘したわけだが、そんなことは当初からマイネッケの念頭にはなかったのだから、著者の意図をとらえそこなっているのである。ふつうの史学史とはちがった視点からマイネッケは歴史主義の発生史をみているのだ。

いってみれば的はずれな批評に答えるかわりに、マイネッケは『歴史的感覚と歴史の意味』の序文でこうのべている。「本書に集録されている小論文と、そしていっそう包括的には拙著『歴史主義の成立』とで、とり扱われている諸問題は、数十年来わたしの関心にあった諸問題である。しかもそれは、たんに専門的学問のひとつの関心事としてではなく、むしろ最高の意味での生の問題としてであった――というのは、歴史という専門の学問は、ただ、学問の範囲をはるかにこえて、すでに早くから近代の人間の魂の生活のなかで、原理および方向として、また認識手段および情意として、作用してき、またげんに作用しつづけているものを、問題とするものにほかならないからである。わたしの研究を『歴史主義の成立』にまとめあげたとき、わたしは、新しい歴史的感覚のさいしょの迸出《へいしゅつ》が自然法的な啓蒙思想の層をつきやぶる、その迸出を叙述するだけで満足した。そのさいわたしが、じっさいなんといっても歴史そのものにたいしてきわめて疑わしく仲のわるい態度をとったあのゲーテを、あんなに広く前景へ押しだし、かつ歴史主義の成立にかんしてずばぬけて大きい意義をゲーテに帰したということが、拙著にたいする多くの批判者をおどろかせたらしい。だが、ここでかんじんなのは、じっさいたんにひとつの学問原理とその適用といったことではなく、むしろひとつの生の原理であり人間的生一般の新しい観照であって、あの学問原理のごときはこのものからようやく発源したものにすぎないということを、かれら批判者はみな理解していなかったのである」。

　クローチェとの見解の相違もこうしたところから由来する。クローチェによれば、新しい歴史的感覚の開拓者は、マイネッケがいう、メーザー、ヘルダー、ゲーテではなくて、カント（一七二四～一八〇四）からヘーゲル（一七七〇～一八三一）にいたる偉大なドイツ哲学、なかんずくヘーゲルである。クローチェは、理性的なものの現実化、現実的なものの理性化というヘーゲルのことばのなか

ヘーゲル

に歴史主義の真髄をみる。クローチェはりっぱな哲学的思想家だ。が、同時に我執《がしゅう》の強い合理主義的傾向をもっている。かれの歴史主義は「具体的合理主義」である。したがって「歴史的個性というのは、ただ行為する個性にほかならないのであって、けっして魂の実体としての個性ではない」とか、「人間のもつ理性が人間の進歩および革命の唯一の原理である」とかいう。そうした見解をマイネッケは否定する。マイネッケは、すでに一八世紀にはじまる魂の生活の変化のなかにこそ、新しい歴史的感覚の起源をもとめるのである。クローチェの弟子であるカルロ＝アントーニも大体同じような考えをマイネッケにかんして抱いている。かれらの哲学上の師であるヘーゲルについてマイネッケははっきりとこういう。「ヘーゲルの壮大な歴史哲学は、魂の温かさを欠いている。そして魂と情意の十分な注入がなくては、歴史主義は根底を失って疑わしいものとなるのである」。

批判と継承

第二次大戦後におけるマイネッケ批判となると、問題はまた別である。たとえば、現代イギリスの著名な歴史家バラクラフ（一九〇八〜　）は、「あらゆる時代が変化の時代であるという意味とはべつの意味で、われわれの時代は変動の時代に生きている」として、従来の歴史の見方が変動しつつある時代ではもうそのまま妥当しない、現代にふさわしいヴィジョンをもつべきだ、と主張する（『転換期の歴史』前川・兼岩訳）。そういう見地から、バラクラフはヨーロッパ文化の連続性とか統一性とかの通念を、再検討する。従来の歴史の見方のなかでとくに妥当しないのは、歴史主義の見方だ。なるほど、歴史的変化と歴史的過程の説明としての歴史主義の教説は、われわれの認識をゆたかに啓発した。けれどもその反面、それと同じくらい、われわれの認識を不明確にし、混乱させた。歴史主義にとって基本的な、発展性と連続性の強調は、一世紀前なら十分に根拠があった。しかしこんにちでは、こうした仮説がせいぜい部分的な見解であり、人を迷わす半面の真理にすぎないことを理解できる立場に立っている。われわれは歴史の不連続性、つまり歴史の急変を経験している。歴史主義には、過去にとらわれることなくそれをつきやぶっていく新しい動的な革命的なものをみとめる余地がまったくない。しかるにわれわれの生活には、将来の行動を決定する転換期や決断などがあることをしっている。要するに、歴史主義は変動しつつある現代の世界にたいしてはもはや妥当しない、云々。

バラクラフがいうように、歴史の急変や断絶や革命をひんぱんに目撃しているわれわれにしてみれば、歴史主義に妥当しないふしがあることをわたくしも率直にみとめる。だからといって、個性や発展の観念が無用の長物《ちょうぶつ》になってしまったとは思われない。断絶が断絶として認識されるのは、他方に連続があるからではないか。急変は他方に緩慢な持続があるからではないか。断絶と連続、急変と持続とは、あざなえるなわのようなものだ。相関関係においてこそ正しく認識できるのではなかろうか。戦後のドイツ史学界においては、伝統史学を批判する声がかまびすしい。「歴史主義のかなたの歴史学」を叫ぶ声すらあがっている（岸田達也著『ドイツ史学思想史研究』参照）。それはそれなりに理由があろう。しかし、マイネッケをもふくめて一九世紀以来の伝統的史学には、死んだものと生きたもの、批判すべき面と継承すべき面とがある。何もかもごっちゃにして、生きたもの、継承すべきものまで切りすてる態度は賛成する気になれない。そうはいうものの、『歴史主義の成立』を執筆したころからマイネッケがしだいに瞑想的宗教的な気分にひたるようになった様子が、他人目《よそめ》にも明らかだ。やはり内外の労苦、心身の老いがそうさせたのであろう。それをとがめる権利はわれわれにはないはずである。

むすび

以上、わたくしは、わたくしに理解できる範囲内でマイネッケの「人と思想」を語ってきた。歴史学の蘊奥《うんのう》をきわめたというような歴史家は、世に必ずしもめずらしくはない。しかし、歴史をたんなる専門科学としてではなくて生の痛切な問題としてみつめる、そういう歴史家は数えるほどしかいない。マイネッケが両者をかねそなえた歴史家であることは、もはや議論の余地はあるまい。かれが歴史家として出発するに当たって見いだした一九世紀末ドイツ歴史学は、高遠な理想のともしびを失い、瑣末《さまつ》主義に埋没し、歴史主義的相対主義と平板化にむしばまれはじめていた。マイネッケの課題は、ドイツ歴史学の良き伝統をまもるとともに、これに颯々《さっさつ》たる清風を吹きおくり、当時のせまい政治史や安直な文化史を革新することでなければならなかった。『世界市民主義』から『歴史主義』にいたる三〇年間の業績は、そうした悪戦苦闘の記録でないものはない。それらの業績が学問上のかがやかしい成果をしめすことは、いうまでもない。だがそれらには時代の傷痕がはっきりしるされており、時代体験の深さを示唆する。時代の苦しみに耐えかねて、時にかれの表情は暗く悲しい。が、そのことは歴史家の悲惨の証《あかし》ではなくて栄光の証なのではなかろうか。

　マイネッケが他界して、まだ三〇年とたたない。ほんとうの声価がさだまるのは今後かもしれない。しかしどう声価がさだまろうと、現代歴史学界にそびえ立つ巨峰であることは、諸君もみとめてくださるだろう。

マイネッケ年譜

西暦	年齢	年譜	背景となる社会事件と参考事項
一八六二		10月30日、マイネッケ、ザルツヴェーデルに生まれる	ビスマルク、プロイセン首相となる
七一	9	マイネッケ一家、ベルリンに移る	ドイツ帝国成立
八二	20	ベルリン大学入学。ドロイゼンの講義をきく	
八三	21	ボン大学に二学期を送る。歴史学を専攻する	
八六	24	ベルリン大学卒業	
八七	25	プロイセン国家文書館に奉職	
八八	26		ドイツ皇帝ヴィルヘルム一世死去し、ヴィルヘルム二世即位
九〇	28	HZ誌の編集者となる	ビスマルク辞任
九五	33	アントニエと結婚する	ジーベル死去
九六	34	著作『ボイエン元帥伝』第一巻	トライチュケ死去
九九	37	著作『ボイエン元帥伝』第二巻完結	

一九〇一	39	シュトラスブルク大学の近世史正教授となる	
〇六	44	フライブルク大学に移る 著作『ドイツの興起の時代』	
〇七	45	著作『世界市民主義と国民国家』	
〇九	47	著作『シュタインからビスマルクへ』	
一〇	48	新聞に時事評論を発表しはじめる	
一二	50		社会民主党、ドイツ帝国議会の第一党となる
一三	51	著作『ラドヴィッツとドイツ革命』	
一四	52	ベルリン大学に転ずる	第一次世界大戦勃発
一五	53	キュールマンやベートマン＝ホルヴェークと交わる 著作『一九一四年のドイツの決起』	
一七	55	著作『一九世紀および二〇世紀におけるプロイセンとドイツ』『世界大戦の諸問題』	2月、ドイツ、無制限潜水艦戦開始 4月、アメリカ、第一次大戦に参戦
一八	56		11月、ドイツ敗北。革命おこる 12月、エーベルトを首班とする共和政府成立
一九	57	著作『革命以後』	2月、ワイマール新議会招集。エ

			ーベルト大統領 6月、ヴェルサイユ条約調印
一九二四	62	著作『近代史における国家理性の理念』	
二五	63		3月、エーベルト死去し、ヒンデンブルク大統領となる
二七	65	著作『独英同盟の歴史』	
二八	66	ベルリン大学を退職、名誉教授となる 国立歴史委員会会長に就任	
二九	67		世界恐慌おこる
三〇	68		ブリューニング内閣成立 国会選挙でナチス党躍進
三二	70	著作『国家と個性』	ヒンデンブルク、大統領に再選 ブリューニング内閣退陣 ナチス党、第一党となる
三三	71		ヒトラー内閣成立
三四	72		ヒンデンブルク死去。ヒトラー総統となる
三五	73	国立歴史委員会会長をやめる HZ誌編集者をやめる	
三六	74	著作『歴史主義の成立』二巻	

一九三九	77	著作『歴史的感覚と歴史の意味』	第二次世界大戦勃発
四〇	78	著作『プロイセン－ドイツの諸相と諸問題』	
四一	79	著作『体験記』	
四二	80	著作『歴史のための箴言と素描』	
四五	83		5月、ベルリン陥落。ヒトラー自殺。ドイツ降伏
四六	84	占領下のベルリン大学の教壇に立つ 著作『ドイツの悲劇』	
四七	85	ベルリンのドイツ－アカデミーで「ランケとブルクハルト」の講演を行う	
四八	86	ベルリン自由大学の総長となる 著作『創造する鏡』	ソ連軍、ベルリン封鎖 ベルリン西地区に自由大学開設
四九	87	ベルリン自由大学名誉総長となる 著作『シュトラスブルク－フライブルク－ベルリン』	ドイツ連邦共和国成立。初代大統領にテオドール＝ホイス就任
五四	91	2月6日、ベルリン郊外ダーレムにおいて死去	

参考文献

●邦訳書

『国家と個性』 中山治一訳 ―― 筑摩書房 一九四四

『近代史における国家理性の理念』 菊盛英夫・生松敬三訳 ―― みすず書房 一九六〇

『ランケとブルクハルト』 中山治一・岸田達也訳 ―― 創文社 一九六〇

『世界市民主義と国民国家』Ⅰ Ⅱ 矢田俊隆訳 ―― 岩波書店 一九六八・一九七二

『歴史主義の成立』上下 菊盛英夫・麻生建訳 ―― 筑摩書房 一九六八

『歴史的感覚と歴史の意味』 中山治一訳 ―― 創文社 一九七二

『ドイツの悲劇』 矢田俊隆訳 ―― 中央公論社 一九七四

●研究書

『現代ドイツの歴史学』 西村貞二 ―― 未来社 一九六八

『マイネッケ史学の研究』 吉武夏男 ―― 風間書房 一九七二

『ドイツ史論集』 林健太郎 ―― 中央公論社 一九七六

『ドイツ史学思想史研究』 岸田達也 ―― ミネルヴァ書房 一九七六

『現代ヨーロッパの歴史家』 西村貞二 ―― 創文社 一九七七

『歴史観とは何か』 西村貞二 ―― 第三文明社 一九七七

『マキアヴェリ』 西村貞二 ―― 清水書院 一九八〇

さくいん

【人名】

【書　名】